Oiseaux,
merveilleux oiseaux

Hubert Reeves

Oiseaux, merveilleux oiseaux

Les dialogues du ciel et de la vie

Éditions du Seuil

ISBN 2-02-061249-6
(ISBN 2-02-031095-3, 1ʳᵉ édition)

www.seuil.com

Je dédie ce livre aux oiseaux.

Au chant mélancolique du rouge-gorge pendant les longues soirées de printemps.

Au bruyant ballet des hirondelles dans le soleil levant quand, au-dessus de l'étang, leurs vols se croisent, frôlent la surface et remontent dans le ciel bleu.

Je dédie ce livre aux troglodytes et aux fauvettes qui m'accueillent quand, tôt le matin, je me promène dans la campagne.

Je le dédie aussi au petit peuple du grand cerisier dont les branches aux feuilles luisantes s'étalent devant ma fenêtre. Au bouvreuil à la teinte noire et rose orangé qui se gave de fruits mûrs. À sa frêle compagne au terne plumage. Aux mésanges bleues qui d'un coup sec cueillent les cerises rouges.

Je le dédie enfin aux pinsons des arbres qui répètent inlassablement leur stridente musique et aux merles dont la mélodie flûtée varie à l'infini.

C'est en leur compagnie que j'ai écrit ce livre. Je leur suis reconnaissant pour le bonheur qu'ils m'ont apporté.

Bouvreuil.

Préface

Eh ! Qu'aimes-tu donc, extraordinaire étranger ?
J'aime les nuages… les nuages qui passent…
là-bas… là-bas…
les nuages… les merveilleux nuages !

BAUDELAIRE, « L'Étranger »*

L'écriture de ce livre a été largement motivée par la demande d'un éducateur spécialiste des adolescents en difficulté. Il y a quelques années, invité dans son institution au Québec, j'ai pu m'entretenir avec un groupe de jeunes gens. J'ai senti leur démobilisation profonde, voire leur désespoir**.

« Vous ne sauriez imaginer à quel point vos propos sur les étoiles et le cosmos les atteignent en profondeur, m'a dit plus tard leur animateur. Ils en parlent constamment. À travers leurs mots, on entend comme un désir de réveiller leur pulsion de vie atrophiée. »

À une autre occasion, un psychanalyste m'a parlé des résonances bénéfiques qu'une causerie sur l'ordre et la beauté du ciel avait fait vibrer chez des schizophrènes et de la sérénité qui en avait résulté.

Suite à ces échanges, j'ai entrepris la rédaction de ce livre pour expliquer, à ceux sur qui la vie pèse trop lourd, à quelle merveilleuse séquence de phénomènes cosmiques ils doivent leur existence.

---

* Le titre de cet ouvrage m'a été inspiré par ces vers adaptés très librement et extraits du *Spleen de Paris*.

** Les statistiques montrent que le taux de suicide chez les adolescents est en croissance rapide. Il dépasse aujourd'hui celui des personnes âgées.

Ce livre était presque terminé au printemps 1997. Au retour d'une expédition au Sahara, où tous les soirs, étendus dans le sable, nous observions la voûte étoilée et la comète Hale-Bopp, j'ai connu d'importants problèmes de santé.

Première hospitalisation à Paris avec piqûres dans la colonne vertébrale (je ne vous les conseille pas…). Seconde hospitalisation en urgence à Auxerre ; grave opération d'une péritonite avec complications variées. Au réveil, des tubes de plastique me transpercent de toute part. L'inconfort est total. Je ne suis plus qu'une tuyauterie percée. Les infirmières me « changent » jour et nuit. Une grande lassitude m'envahit. J'ai envie que ça s'arrête. L'idée de la mort me devient douce.

Une nuit d'insomnie, je lève les yeux vers la fenêtre et reconnais les étoiles de la Grande Ourse. Je sens monter en moi une intense émotion et m'entends dire : « Je suis en vie ! » Les yeux fixés sur la constellation, ces mots se répètent plusieurs fois dans ma tête. L'idée de la mort ne m'a plus jamais effleuré.

Quand je me suis interrogé sur la magie salvatrice de ces clins d'œil stellaires, il m'est revenu en mémoire un chant de Mahler pour une amie morte : « Tu n'entends plus sonner les cloches, tu n'entends plus le chant des oiseaux, tu ne vois ni le Soleil ni la Lune. » Ces étoiles si familières me disent : « Tu es toujours avec nous. »

Mais il me remonte aussi à l'esprit que mon corps souffrant plonge ses racines dans la vaste étendue des espaces et des temps cosmiques. Le scintillement des étoiles aperçu par la fenêtre de ma chambre d'hôpital me rappelle la moisson d'atomes qu'elles élaborent dans leur cœur et qui jouent un rôle si important dans l'évolution de l'Univers. Ce livre écrit pour tous les « fatigués » de l'existence, j'en deviens le premier bénéficiaire ! Ces jeunes gens de l'institution québécoise m'ont déjà rendu le support moral que je leur destinais. Je leur en suis profondément reconnaissant.

Explorer

La préhistoire la plus lointaine…

Tout au long de ma carrière scientifique, j'ai vu se modifier en profondeur notre regard sur l'Univers. Mes professeurs à l'université Cornell aux États-Unis étaient les pionniers de l'astrophysique nucléaire. Peu avant la guerre, Hans Bethe avait apporté une réponse satisfaisante au problème de l'origine de l'énergie stellaire. La chaleur intense du cœur solaire provoque l'association de quatre protons en un hélium. Cette réaction nucléaire a deux résultats importants. D'abord elle fait briller le Soleil avec tous les effets bénéfiques de sa douce chaleur. Ensuite elle crée un élément nouveau : l'hélium. Mon patron de thèse, Edwin Salpeter, a montré comment, à partir de cet hélium, se constituent au cœur des étoiles « géantes rouges » les atomes de carbone et d'oxygène.

Ma thèse de doctorat portait sur un chapitre ultérieur de cette histoire. Je m'intéressais à la formation des éléments néon, sodium, magnésium, aluminium et silicium par la combinaison du carbone et de l'oxygène dans les étoiles « supergéantes rouges ». Rédigeant ma thèse, je fus frappé par l'analogie entre le développement de cette nouvelle science (appelée nucléosynthèse) et l'évolution de la vie terrestre. La biologie nous apprend que la grande variété des organismes vivant aujourd'hui sur notre planète n'a pas toujours existé. Ils sont apparus et se sont transformés progressivement par l'association des cellules de la soupe aquatique primitive. Nos recherches en astrophysique nous apprenaient que la variété des atomes de notre Univers n'a pas toujours existé. L'évolution nucléaire, dans laquelle s'inscrivait mon travail, cherchait à élucider l'origine des espèces chimiques et leur élaboration à partir de l'hydrogène, élément primordial des réactions nucléaires au sein des cœurs stellaires. Deux histoires parallèles qui nous parlent d'origine et d'évolution.

Plus impressionnant encore : ces deux histoires s'emboîtent l'une dans l'autre. À partir de quoi sont fabriquées les cellules primitives, sinon de molécules complexes formées elles-mêmes d'atomes issus des étoiles ? Ainsi la notion d'évolution s'étend à l'ensemble des phénomènes de la nature. Le serin cini qui répète sans arrêt sa mélodie stridente sur le faîtage de la grange résulte, comme chacun d'entre nous, d'une longue élaboration à partir de l'hydrogène primitif des tout premiers temps du cosmos.

Et d'où provient cet hydrogène fertile ? Les protons eux-mêmes (noyaux des atomes d'hydrogène) n'ont pas toujours existé. Les progrès de la physique moderne nous permettent d'explorer leur mode d'apparition dans le cosmos. Leur formation à partir des quarks s'insère également dans le cadre évolutif où émergent successivement les atomes et les vivants. Aujourd'hui les physiciens s'intéressent activement au problème de l'origine de ces forces et de ces particules élémentaires qui ont modelé la structure de notre Univers à toutes les échelles de grandeur.

Les métamorphoses du cosmos

Vers les années 1930, les observations des mouvements des galaxies par Edwin Hubble, associées par Georges Lemaître à la théorie de la relativité générale d'Albert Einstein, ont profondément changé notre conception du monde. Nous vivons dans un Univers en expansion et en refroidissement. La découverte du rayonnement fossile par Arno Penzias et Robert Wilson en 1965 a apporté un soutien majeur à cette théorie dite du big bang. L'étude détaillée des propriétés du rayonnement fossile a entraîné l'assentiment généralisé de la communauté physicienne.

Cette théorie implique que l'Univers est le lieu de profondes métamorphoses. La notion d'évolution, confinée précédemment aux *habitants* du cosmos (atomes et cellules vivantes), s'étend maintenant à l'*ensemble du cosmos*! À partir des années 1970 les physiciens et les astrophysiciens joignent leurs efforts pour décrypter et écrire l'histoire de l'Univers.

Si l'on combine les résultats obtenus aux télescopes avec ceux des accélérateurs, une conclusion s'impose : le passé du monde est bien différent de son présent. L'Univers des premiers temps est extraordinairement chaud, extraordinairement dense, mais surtout totalement désorganisé. C'est le « chaos », tel que l'entrevoyait le poète grec Hésiode.

Par « chaos » j'entends ici *absence de structures organisées*. Pas d'animaux ni de plantes, bien sûr, mais aussi pas de galaxies, pas d'étoiles, pas même de molécules ou d'atomes. Du passé le plus lointain, la physique moderne nous donne une image encore plus chaotique : même nos particules et nos forces familières en sont absentes. Elles vont naître dans les premiers milliardièmes de seconde.

À la fin de la première seconde, les particules et les forces ont acquis les propriétés que nous leur connaissons aujourd'hui. L'Univers se présente comme une immense purée chaude et homogène de « particules élémentaires » entièrement dissociées. On y reconnaît nos électrons et nos photons, mais aussi des particules plus étranges, nommées « quarks », « neutrinos », etc.

Nos bouvreuils gourmands sur le grand cerisier couvert de fruits sont constitués des *mêmes* particules élémentaires mais dans une configuration *complètement différente*. La grâce de leurs mouvements impose à nos yeux la profonde évolution du cosmos depuis ces temps de chaos. Des milliards de milliards de milliards de particules se sont associées, agencées, combinées, dans des structures d'une complexité fantastique. Toute la différence est là ! Et l'histoire de l'Univers peut se lire comme le récit de la métamorphose de l'inimaginable chaos des temps anciens en l'état formidablement associé des structures contemporaines.

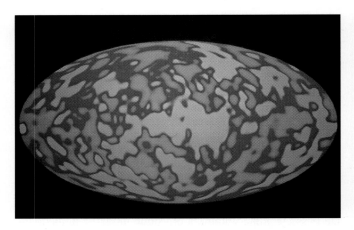

Image du ciel aux tout premiers temps de l'Univers, *prise par le satellite* Cobe. *L'interprétation de cette observation en couleurs codées confirme l'idée d'un Univers primordial instructuré et chaotique.*

Résonances philosophiques

Le soir, à l'hôpital d'Auxerre, après les inspections de routine, mon chirurgien venait discuter d'astrophysique et de philosophie. À travers nos conversations, alimentées par le livre de Jeanne Hersch *L'Étonnement philosophique*[1], j'ai repris contact avec les diverses « visions du monde », de Thalès de Milet jusqu'à Karl Jaspers, en passant par Platon, Descartes, Kant, Kierkegaard, etc.

J'ai été surtout frappé par la pertinence et la modernité d'Aristote. « Dans la nature, écrit-il, une sorte d'art est à l'œuvre, une sorte de capacité technique orientée qui travaille la matière du dedans. La forme s'empare de la matière, elle refoule l'indétermination. »

Si nous associons au mot « matière » l'état indifférencié du début du cosmos et au mot « forme » l'organisation de l'Univers contemporain, nous retrouvons en quelques mots le thème de ce livre. Pour décrire cette instauration de la « forme » dans la « matière indéterminée », Aristote introduit les concepts de « potentialités » inscrites dans la matière et leurs « actualisations » progressives au cours du temps. C'est bien ce que nous raconterons dans les chapitres qui suivent. Nous y retrouverons également en écho beaucoup d'éléments chers à Henri Bergson dans le cadre de son « évolution créatrice ». Et aussi les grandes intuitions de Blaise Pascal autour du thème du « roseau pensant ».

Le cœur des étoiles au bout du pouce

Le marcheur qui gravit les sentiers d'une haute montagne voit le paysage se transformer lentement sous ses yeux. Chaque tournant dévoile de nouvelles vallées profondes avec leurs pentes escarpées. Mais l'effet de surprise est souvent atténué par la durée et la fatigue de l'ascension. Notre montagnard s'habitue avant de s'étonner.

Quand il parvient au sommet, son regard plongeant et découvrant la moitié du paysage jusque-là masqué par la montagne elle-même, il est saisi par l'immensité nouvelle qui brusquement se révèle à lui.

Notre parcours dans la vie humaine n'est pas sans analogie avec l'ascension du montagnard. Tout l'insolite de notre existence s'estompe rapidement à nos yeux. Les épaisses couches de l'accoutumance recouvrent l'extravagance où nos vies s'inscrivent.

Pour trouver leur bonheur, les amateurs de vertiges, alpinistes, parachutistes, funambules, se livrent volontiers à des prouesses souvent coûteuses, parfois périlleuses. Nous y arriverons à beaucoup moins de frais. Des interrogations simples, à la limite de la naïveté, peuvent nous procurer des sensations vertigineuses. Les créneaux que nous cherchons sont parfois tout proches de nous.

Le premier créneau est *littéralement* à portée de la main… On cale un doigt de la main gauche sur l'artère derrière le pouce droit. Cela s'appelle « prendre le pouls ». Mais plutôt que de compter les impulsions, on s'installe dans le rythme des battements. Comme le voyageur distrait bercé par le refrain obsessionnel du train, on s'inscrit dans la mouvance du temps qui passe. Les battements du cœur sont à la fois le rail et le train. Ils nous relient à notre passé[2].

Le doigt toujours sur le poignet et bercé par le rythme des pulsions, nous retraçons le parcours de notre existence. Ce battement fidèle nous accompagne depuis toujours. Il s'identifie à nous. Il est nous, depuis l'adolescence questionneuse, depuis l'enfance rêveuse, jusqu'à la sérénité de l'état fœtal, jusqu'aux tout premiers battements de ce cœur embryonnaire. Sur cette voie s'inscrivent tous les événements et incidents de notre existence. Par cette cadence fidèle nous sommes directement reliés à ce petit être de quelques centimètres, ce petit « moi » baignant dans le liquide amniotique maternel au moment où se disposent les organes vitaux du corps humain. On n'évoque pas sans émotion l'instant où, à peine constitué, ce cœur minuscule battit pour la première fois, amorçant cette prodigieuse mécanique qui nous maintient en vie depuis des décennies et dont l'arrêt signifiera notre passage hors de la réalité.

Millions, milliards, des chiffres aussi grands semblent être hors de portée de notre imagination et de notre perception concrète. Pourtant *un cœur humain bat environ un milliard de fois en vingt-cinq ans*, soit trois milliards de battements dans une vie moyenne ; un nombre typiquement « astronomique ». Au rythme d'un coup par an, il correspondrait à peu près à la durée de la vie sur la Terre, depuis l'apparition des cellules primitives dans les nappes aquatiques.

Les premiers battements de notre cœur nous amènent à proximité du geste créateur. Dans une explosion d'énergie sexuelle, des milliards de spermatozoïdes envahissent l'espace utérin. L'un d'entre eux, glorieux gagnant, franchit la membrane de l'ovule. Les messages génétiques s'associent et un nouvel être naît. Parmi ces messages il y a la recette de fabrication des cœurs qui marchent. Dans quelques semaines le médecin entendra dans son stéthoscope le battement rapide du petit embryon.

Cette recette, nos géniteurs l'ont reçue eux-mêmes de leurs propres parents. Qui l'ont trouvée dans le bagage génétique dont ils ont hérité au cours de circonstances analogues, etc.

Dans le train du cœur-qui-bat, nous avons remonté le cours de notre existence jusqu'à notre conception. Prenons maintenant le train de la-recette-du-cœur-qui-bat. Les séquences régulières des battements des cœurs de nos innombrables ancêtres s'intercalent entre les moments où les amours printanières unissent ovules et spermatozoïdes. La cadence est ponctuée par les milliards d'explosions sexuelles au cours desquelles la recette est transmise fidèlement.

Des fenêtres de ce train nous voyons passer l'immense lignée de nos aïeux, jusqu'à l'Empire romain, jusqu'à l'homme des cavernes, jusqu'aux hominiens primitifs. Plus loin encore, la voie nous conduit dans le domaine des grands singes, des petits singes arboricoles, des mammifères, des reptiles, des amphibiens, des poissons et des premiers animaux marins.

Nous savons peu de choses sur l'origine du cœur dans l'évolution animale. Les premiers vivants, bactéries et algues bleues, n'en ont pas. Ils n'en ont pas besoin. Les fluides circulent sans difficulté dans l'exiguïté de leurs corps minuscules. Mais quand, il y a environ un milliard d'années, apparaissent les premiers organismes marins, les problèmes se posent. Chaque cellule doit recevoir des substances nutritives et se débarrasser des rejets. Le trajet qui mène de chaque cellule à la surface de l'organisme peut être long et difficile. C'est là qu'apparaît le besoin d'une pompe. En regard du merveilleux outil que nous possédons aujourd'hui, les premiers cœurs, sans doute, étaient bien rudimentaires. Mais ils battaient…

Comme le montagnard saisi de vertiges par le paysage qui s'étend à perte de vue devant lui, notre pouls nous a relié à un milliard d'années de vie terrestre. Nous avons pris conscience de notre rapport intime à ces humbles organismes marins (vers, méduses) auxquels nous devons ce cœur perçu au bout du doigt.

La nébuleuse du Crabe. *Chaque explosion d'une étoile massive est source d'une grande variété d'atomes nouveaux.*

Orgasmes stellaires

Le même exercice, prolongé beaucoup plus loin dans le temps et dans l'espace, va nous relier à une nouvelle cadence de nature stellaire. Des explosions d'étoiles géantes déchargeant dans l'espace galactique leurs moissons d'atomes nouveaux en ponctueront le rythme.

Le pouce toujours sur le poignet, oublions le rythme des pulsions cardiaques et portons notre attention sur le tissu de la peau. À l'échelle microscopique, sa texture est faite d'atomes de carbone, d'azote, d'oxygène et d'hydrogène. Reliés en une maille souple, ces atomes provoquent les sensations tièdes et agréables du « toucher ».

Les cœurs d'étoiles sont les usines où ces atomes furent fabriqués. Nous les devons à des astres défunts, dont les morts cataclysmiques ont secoué le ciel, bien avant la naissance du système solaire. Déchargés dans la violence des orgasmes stellaires, les atomes nouveaux « inséminent » les nébulosités sidérales, grosses d'astres en gestation. Recyclés dans d'innombrables phénomènes géologiques et biologiques, ces atomes constituent notre paysage terrestre. Le pouce gauche sur le poignet droit nous raconte un nouvel épisode du dialogue entre le ciel et la vie. Il nous relie aux cœurs incandescents d'étoiles qui illuminèrent les premiers temps de notre Voie lactée.

« Faute de mythe, écrit Nietzsche[3], toute civilisation perd la saine vigueur créatrice qui lui vient de sa nature ; seul un horizon circonscrit par des mythes confère son unité à une civilisation. »

Les Anciens avaient projeté une riche mythologie dans le ciel. Chaque constellation portait le souvenir d'une histoire de divinités ou de héros. Aujourd'hui les constellations du Cygne et du Corbeau ne nous parlent plus d'Orphée ou d'Aphrodite, pas plus d'ailleurs que des oiseaux qui portent leurs noms. Comme la Grande Ourse vue de ma chambre d'hôpital, elles nous remettent en mémoire cette extraordinaire saga cosmique dont nous sommes issus. La

« mythologie moderne » émerge des observatoires astronomiques.

Un vol d'oies sauvages au-dessus des Laurentides

J'ai le vif souvenir d'un jour ensoleillé d'octobre dans les
Laurentides, au nord de Montréal. L'automne avancé donne
aux feuillages des teintes douces à l'œil. Les collines arrondies
et multicolores s'étendent à perte de vue. Le Soleil descend
vers l'horizon. Je respire voluptueusement l'air sec et froid.

Une rumeur cacophonique, comme un bruit grinçant de
poulies rouillées, alerte mon attention. Une escadrille d'oies
sauvages progresse lentement parmi les rares nuages blancs
éparpillés dans le ciel bleu vif. Col tendu vers l'avant,
longues pattes allongées vers l'arrière, les oiseaux forment
un réseau compact de flèches mouvantes ; un immense filet
blanc dont les larges mailles s'enroulent et se déroulent avec
grâce. Brisant et reconstituant sans cesse leurs configurations ailées, les oies couvrent une portion toujours plus
importante de la voûte céleste. À angle droit avec le Soleil
couchant, elles filent imperturbablement vers le midi.

Longtemps je poursuis du regard ce vol de migrateurs.
Même à grande distance, je perçois toujours le dessin mou-
vant des mailles de l'immense filet. Les nuages colorés du
crépuscule en rendent l'observation de plus en plus difficile.
Déjà la Lune et Jupiter brillent dans le ciel assombri. Avant
de les perdre de vue, je constate à nouveau le cap rigoureu-
sement tenu vers le sud.

Où vont-ils ? Je le sais : au cap Tourmente, une péninsule
dans le Saint-Laurent, où le fleuve s'élargit comme une mer.
Protégé et aménagé pour des visites non intrusives, le cap
Toumente est à mettre au programme de votre futur voyage
au Québec. Plusieurs centaines de milliers d'oiseaux s'y
retrouvent en saison. Leurs ailes blanchissent le ciel.

Rien de plus impressionnant que l'arrivée d'une nouvelle
escadrille au-dessus des montagnes à l'horizon. Les oiseaux
blancs rompent bruyamment leur formation et s'abattent sur

les rives marécageuses, où foisonnent les rhizomes de scirpe, nourriture qui leur donne la force de poursuivre leur périple. Après une escale de quelques jours, les groupes se reforment. Les oiseaux reprennent le ciel et gagnent, sans faute et d'un seul trait, leur nid de l'an dernier, sous les climats tempérés des côtes américaines.

Pour dire mieux l'émotion devant ce spectacle, je laisse la parole à Joseph-Henri Letourneux, poète québécois.

« Puis un matin, à l'horizon du sud noirci de villes et d'essaims, montent les oies blanches avec la sûreté des constellations, tenant leurs belles formations en fer de lance, et auscultant, menant à leurs amours, par les courants aimantés et complices, leurs élucidations de pilotages. Les capitaines relayés à l'avant des convois tiennent le cap, aux grincements des câbles et poulies des grandes lignes déhanchées sur les abîmes.

Ah, tant de saintes actions, fortes activités, fêtes fastes et peintes, mille élans en fragiles tissus par tout le ciel et sur toute la terre ! pour arriver à telles grâces menues dans le secret d'un nid. »

Formation d'oies sauvages en migration.

Image de l'Univers à très grande échelle. *Chaque tache lumineuse est une galaxie comme notre Voie lactée, composée de centaines de milliards d'étoiles comme notre Soleil. Les minuscules galaxies bleutées sont situées à près de 10 milliards d'années-lumière, pratiquement aux confins de l'Univers observable. Nous les voyons telles qu'elles étaient il y a 10 milliards d'années. Notre Univers est très grand et très vieux.*

Ces oiseaux majestueux, où sont-ils nés ? Dans le passé le plus récent ils arrivent de la terre de Baffin, une grande île de l'océan Arctique lieu de leur nidification estivale. Mais avant, bien avant ? Comment les oies sont-elles apparues sur la Terre ? Comment ont-elles appris à retrouver leur nid après un voyage de 3 000 kilomètres ?

Les oiseaux, leurs prouesses, leurs migrations, offrent l'un des plus émouvants témoignages de la prodigieuse richesse de notre Univers. Ils seront ici nos guides pour rechercher les « ferments » du « levain » cosmique grâce auquel le vol gracieux des hirondelles a pu émerger de la chaotique matière primordiale. Grâce à l'astronomie, à la physique, à la chimie et à la biologie, nous sommes en mesure d'identifier certains de ces ferments. Loin d'avoir des réponses définitives, nous possédons pourtant des éléments de réponse, des filons conducteurs, des lignes directrices. Ces questions sont au centre des préoccupations des scientifiques contemporains.

Les résultats sont stupéfiants. Ce simple vol d'oies au-dessus de nos têtes nous dit que l'Univers est vieux de milliards d'années et vaste de milliards d'années-lumière. Dans ses *Pensées*, Blaise Pascal écrit : « Quand je considère la petite durée de ma vie, absorbée dans l'éternité précédant et suivant le petit espace que je remplis et même que je vois, abîmé dans l'infinie immensité des espaces que j'ignore et qui m'ignorent, je m'effraie... » (« De la nécessité du pari », 205). Nous pourrions le rassurer : ces durées et ces espaces immenses sont *essentiels* à l'apparition de la vie et de Blaise Pascal lui-même...

Plus étonnant encore, le vol des oies implique que les galaxies lointaines sont emportées dans un gigantesque mouvement d'expansion à l'échelle du cosmos. Un Univers statique, même grand et éternel, serait resté stérile. Cette nécessité de l'expansion nous suivra tout au long de ce parcours. Nous la retrouverons quelquefois aux endroits les plus inattendus.

Les thèmes de ce livre recouvrent un grand nombre de disciplines scientifiques différentes. Personne ne peut être spécialiste de tous ces domaines. Il faut pourtant les aborder pour accéder à une vision synthétique. À la fin du livre je me risquerai à présenter mes propres réflexions. Critiques et commentaires sont bienvenus.

Horizons technologiques

« Quelque pêcheur, occupé à surprendre les poissons au moyen de sa canne qui tremble, un pasteur appuyé sur son bâton ou un laboureur au manche de sa charrue, qui vit [les oiseaux], resta frappé de stupeur et pensa que ces êtres qui pouvaient voyager dans les airs étaient des dieux » (Ovide, poète latin du dernier siècle avant Jésus-Christ).

Au temps d'Ovide, voler était radicalement au-dessus des possibilités humaines. La distance entre le savoir-faire du pêcheur, du pasteur et du laboureur d'une part, et les envols si familiers des oiseaux d'autre part était trop grande ; l'idée même d'une explication naturelle était impensable. « Ces êtres sont des dieux. » Dans plusieurs mythologies traditionnelles les oiseaux sont des personnages divinisés, dotés de capacités « miraculeuses ». Le corbeau de la tribu des Haida en Colombie-Britannique fait la navette entre le ciel et la Terre.

Au cours des siècles passés, nous avons découvert les forces et les énergies de la nature. Grâce à ces connaissances, nous avons appris à mettre à notre service les propriétés de la matière et nous avons élucidé certains comportements, jusque-là mystérieux, des plantes et des animaux.

Nous profiterons de cette étude pour illustrer un aspect tout à fait étonnant de cette évolution des connaissances. Quand les humains élaborent une nouvelle technique, quand ils mettent à profit une utilisation originale des forces, ils constatent souvent par la suite que la nature les a depuis longtemps précédés sur cette voie. La maîtrise des ondes ultrasonores par les chauves-souris, les techniques d'orientation des migrateurs, font pâlir les meilleures performances de la guerre du Golfe. Les découvertes récentes de prouesses animales par les éthologues étaient naturellement impossibles aussi longtemps que leurs principes mêmes étaient encore inconnus.

Un ingénieur compétent sait ce qu'il peut faire aujour-d'hui. Il a une assez bonne idée de ce qu'il sera susceptible d'accomplir quand, dans un avenir généralement prévisible, ses programmes de recherches et de développements arrive-ront à terme. Il mesure déjà l'amélioration des performances sur lesquelles il pourra alors raisonnablement compter. De surcroît, il entend pousser, dans un avenir plus éloigné, des projets plus audacieux encore. Au rythme des progrès contemporains, les difficultés insurmontables qu'ils présen-tent devraient éventuellement trouver des solutions. Plus loin encore, au-delà de ce que nous appellerons l'« horizon technologique », se situeraient des projets encore plus « déli-rants », dont la réalisation est pour l'instant inimaginable. Le domaine des rêves de l'ingénieur !

Cet horizon, bien sûr, n'est pas fixe. Il se déplace avec les progrès de la science et de la technologie. Le vol d'un avion était bien au-delà de celui d'Ovide. Avec les croquis de Léo-nard de Vinci l'aviation devient pensable. Aujourd'hui les missions interplanétaires (vers la Lune, Mars, Jupiter, etc.) sont monnaie courante, mais les excursions extragalactiques[4] demeurent au-delà de notre horizon[5]. Chaque période a son horizon technologique à la limite du possible et de l'« appa-remment » impossible.

Notre réflexion sur le monde est largement tributaire de l'horizon technologique contemporain. Pour une raison évi-dente : nous ne savons reconnaître et apprécier le savoir-faire de la nature que dans l'espace circonscrit par cet hori-zon. Au-delà, nous ne pouvons que projeter nos fantasmes. Mais la nature souvent nous y attend déjà !

Les ferments de la complexité

Mais que veut dire exactement le mot « complexité » ? Naturellement nous en avons tous une idée intuitive. Per-sonne ne le niera : une protéine est plus complexe que les atomes dont elle est constituée : elle possède des propriétés spécifiques absentes chez chacun des atomes pris individuellement. Une oie sauvage manifeste un comportement plus diversifié que les cellules de son organisme. Jusque-là, tout va bien.

La recherche d'une définition précise s'avère très difficile. Les multiples facettes de la notion de complexité font l'objet d'intenses et contradictoires débats. Lors d'une conférence tenue à Santa Fe, au Nouveau-Mexique (États-Unis), dans un institut scientifique entièrement consacré à l'étude de la complexité, les participants en ont énoncé une bonne trentaine de définitions différentes et quelquefois apparemment incompatibles[6].

Mais, à la réflexion, n'est-il pas de la nature même de la complexité de ne pas être réductible à quelques mots simples ? Comme le temps ou l'amour, ce sujet est inépuisable. Il est vain de penser en faire le tour. Aussi aurons-nous soin de conserver autour de cette notion le flou approprié à une discussion fructueuse. Au lieu de tenter de la définir une fois de plus, nous chercherons à identifier les qualificatifs que nous associons intuitivement à un « être complexe ». Les mots *unifié*, *interactif*, *diversifié*, *adaptatif* paraissent appropriés. Ils seront repris dans les paragraphes qui suivent. Cette liste n'est pas exhaustive. D'autres qualificatifs mériteraient d'être ajoutés.

Le succès de la migration des oies exige une coordination continuelle des ailes et des yeux. L'être complexe possède une cohérence interne réunissant de façon interdépendante tous ses éléments, leur assurant un comportement global et unifié, c'est-à-dire un « moi ». De surcroît, il n'est pas fermé sur lui-même, isolé du reste du monde. Il réagit à son environnement et aux forces qui s'exercent sur lui. Une oie en vol est en interaction constante avec le champ magnétique terrestre.

Les êtres complexes sont diversifiés. Chaque individu possède à la fois des propriétés spécifiques de la famille à laquelle il appartient et des particularités. Les individualités sont quelquefois difficiles à percevoir. Pour un Français tous les Chinois se ressemblent, et vice versa. À l'île Bonaventure, au Québec, les fous de Bassan vivent en couples fidèles. À nos yeux ils paraissent identiques. Pourtant, parmi des dizaines de milliers de congénères, chacun retrouve sa chacune et sa progéniture.

Les étoiles et les ouragans naissent, vivent et meurent. Ils ne tirent aucun parti de leur expérience passée. À l'inverse, un système complexe peut apprendre. Il utilise les informations provenant du monde extérieur pour adapter son comportement et optimiser ses performances. À ce niveau le système complexe devient *adaptatif*.

Au concert, dans les minutes qui précèdent le lever du rideau, chaque musicien accorde son instrument. Une cacophonie de sons disparates parvient à nos oreilles. Le chef d'orchestre s'avance et, levant sa baguette, fait émerger une symphonie. Le magma sonore s'est organisé et transformé en une harmonie musicale qui intègre la contribution de chaque musicien.

Cet exemple illustre la différence entre la complication et la complexité. Un système est dit compliqué s'il contient de nombreux éléments sans relations d'ensemble (dans notre exemple, les sonorités incohérentes avant le début du concert). Dans un système complexe, à l'inverse, l'intégration et la dépendance des éléments entre eux provoquent l'apparition de propriétés nouvelles, dites « émergentes », absentes du système compliqué. Il en est ainsi de l'émotion musicale ressentie au concert, ou de la virulence d'une bactérie composée de molécules organiques. Une foule est un système compliqué, un orchestre est un système complexe.

Le dialogue des « infinis »

L'Univers des anciens, limité à la Terre – posée comme centre de celui-ci –, au Soleil et à la Lune pour leur lumière, et à la voûte céleste pour l'« obscure clarté qui tombe des étoiles », aurait été infiniment trop petit pour engendrer nos oies sauvages. La naissance et la mort des étoiles imposent l'existence de galaxies dont les dimensions se chiffrent en centaines de milliers d'années-lumière[7]. L'apparition et le bourgeonnement de ces galaxies imposent à leur tour un Univers gigantesque. Au minimum plusieurs milliards d'années-lumière.

La formation des atomes suppose l'existence de générations d'étoiles étalées sur plusieurs milliards d'années. Et sur notre planète, l'apparition et l'évolution de la vie jusqu'à la naissance des oiseaux s'étendent sur plus de 4 milliards d'années. Notre existence implique que notre Univers est âgé de plusieurs milliards d'années.

Ainsi que je l'ai mentionné dans la préface de cet ouvrage, mon séjour à l'hôpital m'a permis de retracer le parcours cosmologique des philosophes anciens et contemporains. Cette relecture de leurs positions et de leurs intuitions à la lumière des connaissances scientifiques contemporaines m'a paru extrêmement passionnante et hautement instructive. J'ai parlé déjà de la pertinence des visions aristotéliciennes. Nous y reviendrons en fin de volume. Je voudrais maintenant citer d'autres auteurs méritant de figurer au palmarès des grands intuitifs.

La question de la dimension de l'Univers est présente dès le XVe siècle dans l'œuvre de Nicolas de Cusa (1401-1464). Il affirme que l'Univers est infini et lui applique ces jolis propos : « L'Univers a son centre partout et sa conférence nulle part. » Je les cite souvent au cours de mes conférences, en réponse aux inévitables questions provoquées par la théorie du big bang.

L'enthousiaste champion et malheureux martyr de l'infinitude du cosmos s'appelle Giordano Bruno (1548-1600). À l'affirmation des théologiens « Dieu seul est infini » Bruno avait répondu, un brin sarcastique : « Seul un Univers infini est digne d'un Dieu infini. » Il mourra pour ses idées de « grandeurs » sur un bûcher, piazza dei Fiori à Rome. À l'inverse, l'Univers infini fait horreur à Johannes Kepler (1571-1630). Il y voit une menace de dissolution pour tout ordre, forme, lieu. « L'humanité et l'individu n'y auront plus leur place », dit-il.

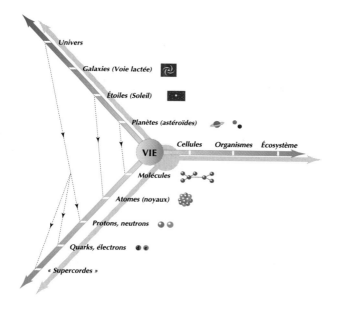

Les trois échelles du cosmos. *La croissance de la complexité (échelle horizontale) émerge d'une interaction fructueuse entre l'« infiniment grand » (planètes, étoiles, galaxies, Univers) et l'« infiniment petit » (molécules, atomes, nucléons, quarks et hypothétiques « supercordes »). Le temps se déroule vers la droite.*

Pascal, également impressionné par les dimensions du cosmos, nous signale l'existence de deux infinis : l'infiniment grand et l'infiniment petit[8]. À l'échelle astronomique (planètes, étoiles [les galaxies sont encore inaccessibles]) il fera correspondre l'échelle microscopique (fourmis et organismes encore plus petits [les molécules sont hors de portée de ses observations]). Il note que l'être humain se situe à « mi-chemin » entre ces deux univers, à la croisée des deux échelles. « Par l'espace l'univers me comprend et m'engloutit comme un point ; par la pensée, je le comprends » (*Pensées*, « Les philosophes », 348, Garnier-Flammarion, p. 150).

À ces échelles nous en ajoutons maintenant une nouvelle : celle de la complexité. Le dessin (p. 31) illustre la position que nous pouvons lui donner par rapport aux deux autres dans un schéma où le temps se déroule de la gauche vers la droite.

On découvre ici l'effet d'un dialogue d'une stupéfiante fertilité entre l'« infiniment petit » et l'« infiniment grand » ; l'interaction entre des phénomènes à l'échelle atomique et des phénomènes à l'échelle astronomique. L'Univers dans son ensemble engendre les particules élémentaires et les forces. Les étoiles fabriquent les atomes. L'espace interplanétaire et les socles planétaires voient naître les molécules. À mi-chemin entre ces deux échelles ces interactions multiples font émerger la vie, d'abord sous ses formes primitives cellulaires puis, tout au long de l'évolution, sous forme d'organismes multicellulaires, mammifères, hominiens, écosystèmes.

Cette interaction entre les échelles ne se contente pas de former les particules, les atomes, les molécules ; elle se poursuit activement tout au long de l'évolution biologique. Les hydrogènes qui brûlent en hélium au cœur du Soleil gardent depuis 4 milliards d'années notre planète tiède. Le flux régulier émis par cet astre entretient la photosynthèse, source des énergies vivantes. Nous décrirons au chapitre 2 le rôle majeur des chutes de comètes et d'astéroïdes dans le cours de l'évolution biologique sur la surface terrestre. Et nous reparlerons au chapitre 3 de l'importance cruciale de l'expansion et du refroidissement cosmiques pour que l'univers reste habitable.

« L'homme n'est qu'un roseau, le plus faible de la nature ; mais c'est un roseau pensant, écrit encore Pascal. Il ne faut pas que l'univers entier s'arme pour l'écraser : une vapeur, une goutte d'eau, suffit pour le tuer. Mais, quand l'univers l'écraserait, l'homme serait encore plus noble que ce qui le tue, parce qu'il sait qu'il meurt, et l'avantage que l'univers a sur lui, l'univers n'en sait rien » (*Pensées*, « Les philosophes », 347, Garnier-Flammarion, p. 150). La conscience qui donne à Pascal sa frêle supériorité sur l'énormité indifférente du cosmos nous apparaît alors comme le résultat du dialogue des deux infinis.

Plan du livre

Ce spectacle de la croissance de la complexité à l'échelle cosmique nous touche à plusieurs niveaux. Il suscite l'émerveillement, le besoin d'explications scientifiques et l'interrogation métaphysique. Ces trois éléments forment la trame de ce livre. Dans les chapitres qui suivent, chacun tiendra à son tour la scène principale tandis que les deux autres feront sentir leur présence discrète dans les coulisses. Aux derniers chapitres les trois remonteront ensemble sur les planches.

Le titre du chapitre 2, « Astrobiologie », rejoint le sous-titre de ce livre : « Les dialogues du ciel et de la vie ». Il met en évidence les relations profondes et longtemps insoupçonnées entre des phénomènes astronomiques et l'évolution de la vie terrestre. Il montre comment certains événements planétologiques, stellaires et galactiques, qui, à première vue, nous semblent sans rapport avec nous, apparaissent intimement reliés à notre existence et à ses modalités lorsqu'ils sont intégrés dans le cadre de la croissance de la complexité.

Ensuite nous aborderons, à la lumière de nos connaissances scientifiques, l'étude des « ferments de la complexité ». Plus naïvement, nous tenterons de répondre à la question : qu'est-ce qui fait que la matière s'est organisée plutôt que de rester dans son magma chaotique primordial ? La réponse implique la présence de forces, d'énergies (chapitre 3), et le rôle d'éléments plus ludiques comme le hasard, la contingence et les « sursis » (chapitre 4).

Le chapitre 5 nous ramène à l'émerveillement face aux prouesses de la complexité biologique. L'utilisation extraordinairement sophistiquée des phénomènes naturels sera illustrée par les sonars des chauves-souris et les techniques de guidage des oiseaux migrateurs. Dans la dernière section nous aborderons l'une des propriétés les plus fondamentales, mais aussi les plus mystérieuses de la vie : l'aptitude à apprendre. Les méthodes d'apprentissage par essais et erreurs seront illustrées par plusieurs exemples de systèmes adaptatifs complexes. Mais comment ce ferment si puissant de la complexité est-il apparu sur la Terre ? Question, toujours question...

Controverses et discussions sont les thèmes du chapitre 6. Face à cette idée de la croissance de la complexité, les réactions des chercheurs sont nombreuses et souvent contradictoires. Y a-t-il vraiment de quoi en faire toute une histoire ? Je m'appuierai ici sur les prises de position de certains auteurs pour développer mes propres intuitions, et nous reprendrons contact avec Aristote, Blaise Pascal et Henri Bergson devant une carrière de pierres blanches et noires sur le Mont-Royal, au Québec.

2
Astrobiologie

Rien de ce qui se passe dans l'immensité du cosmos ne nous est indifférent. Astéroïdes, planètes, étoiles, galaxies et trous noirs d'une part, molécules, atomes, nucléons et quarks d'autre part, font partie de notre histoire personnelle. Tel est le message de ce livre.

Dans ce chapitre nous partons nous promener à la campagne. Derrière les paysages familiers nous retracerons en

Au printemps 1997, la comète Hale-Bopp est venue illuminer nos cieux. Sur l'image, on distingue nettement les deux queues (une blanche et une bleue).

filigrane certains éléments de cette stupéfiante évolution de la complexité à l'échelle cosmique. Les fleurs printanières sous les arbres encore dénudés de feuillages, les reflets argentés de la Lune sur la mer calme, la double queue de la comète Hale-Bopp luisant doucement dans la nuit profonde du printemps 1997, nous raconteront tour à tour et à leur façon le dialogue du ciel et de la vie.

Notre réflexion nous amènera à identifier à travers ces paysages des événements d'une grande brutalité qui, à première vue, paraissent totalement étrangers à notre existence. Leur relecture sous l'éclairage de la science moderne, en faisant apparaître leur portée véritable, nous en donnera une vision toute différente. Ces événements nous projetteront dans un lointain passé et dans des dimensions gigantesques. Les espaces infinis de Pascal, loin de justifier notre effroi, deviendront les lieux où s'élabore l'infrastructure de la vie.

Vestiges du passé

Dans le langage des archéologues, un fossile est un témoin du passé. Les pierres taillées par les hommes de Neandertal, il y a plusieurs dizaines de milliers d'années, jonchent le sol des cavernes ou des abris sous roches. Leurs délicates configurations nous permettent de reconstituer les techniques artisanales et d'apprécier l'exquise virtuosité de nos lointains cousins.

On appellera « fossiles astronomiques » un ensemble de phénomènes célestes dont l'origine nous ramène à des situations révolues. Leurs observations détaillées grâce aux meilleures technologies et leurs interprétations par la physique moderne nous racontent certains épisodes antiques qui ont profondément modelé le cadre de notre existence.

Dans le ciel, le défilé des constellations accompagne et marque le passage des saisons. En hiver, quand les derniers reflets du Soleil s'éteignent à l'ouest, Orion, la majestueuse, s'installe dans la partie orientale de la voûte étoilée. L'été, au sud, en bordure de la Voie lactée, le Scorpion se dresse sur le socle de l'horizon.

Dans les littératures traditionnelles les étoiles et les constellations ne se contentent pas de ponctuer le passage des saisons, elles en sont souvent responsables. Au début de juillet, peu avant l'aube, Sirius illumine le ciel à l'orient. À cette période, avant la construction du barrage d'Assouan, le Nil des pharaons sortait de son lit. Dans la mythologie égyptienne, les larmes de Photis, déesse du Nil, se répandaient alors sur la campagne.

Nous connaissons maintenant la cause des inondations du Nil. Elles ne surgissent pas des beaux yeux de Photis. Pourtant, en un sens, les Égyptiens avaient vu juste : elles sont bien d'origine céleste, mais dans un lointain passé. Nous y reviendrons après un long détour.

Printemps et automnes

Sous nos latitudes, les paysages sont profondément marqués par le cycle des saisons : printemps, été, automne, hiver. Son importance est inscrite dans notre âge. « Avoir vingt ans » se dit aussi « avoir vingt printemps ».

À la fin de l'hiver, les jours s'allongent. La lumière solaire se glisse entre les branches des arbres dénudés et inonde le sol humide couvert de lierre et de feuilles mortes. De février à mai, c'est la fête dans les sous-bois. Les floraisons se succèdent et les migrateurs nous chantent leur retour. La pénombre diurne que les jeunes feuillages font bientôt régner est fatale pour la floraison. Comme conscients de l'urgence, les anémones, les stellaires, les ficaires, les lins, occupent tour à tour le sol aux pieds des grands arbres. Chaque week-end promet le spectacle d'une nouvelle palette de couleurs et de chants. C'est avec une chaleur au cœur, teintée de reconnaissance pour la généreuse mère nature, que je salue le retour de ces paysages aux douces teintes. Je les inscris parfois dans mes carnets, dont voici quelques extraits.

28 février. « C'est la fin de l'hiver, les épisodes floraux du printemps vont bientôt se dérouler. Les perce-neige ont déjà fleuri et les chatons des saules et des noisetiers s'accrochent aux branches grises. »

28 mars. « Les pervenches en fleur ont coloré le sous-bois en violet. Les hirondelles sont revenues. Près de la grange des cris précipités nous annoncent leur retour. Elles s'activent à réparer leurs nids de l'an passé sur les vieilles poutres. »

5 avril. « Face au ruisseau, un tapis d'anémones-sylvies. Un peu plus loin, le long de la route forestière, un bouquet de mauves véroniques de Perse. Dans la forêt proche le coucou égrène ses deux notes auxquelles, contrairement à la chanson, ne répond aucun hibou. On fait un vœu quand on l'entend pour la première fois. »

26 avril. « C'est la fleur de lin qui est arrivée cette semaine. L'inflorescence blanche couvre tout le sous-bois devant la maison. Dans la forêt, la stellaire fleurit partout, avec ses cinq pétales doubles. Les pervenches sont toujours là, ainsi que les primevères en fleur sur les sentiers de la forêt. Le rossignol est de retour sur le chemin de l'étang. On se lève tôt le matin pour aller entendre son monologue alternativement grinçant et flûté. Les fauvettes s'installent dans les grands arbres et les cris stridents des martinets sonorisent le coucher du Soleil. »

5 mai. « Le loriot siffle dans le grand frêne à l'orée du bois. Avec beaucoup de patience on arrive à voir, un court instant, son plumage jaune vif[9]. »

À la fin de l'été, fidèles à la chanson, les colchiques fleurissent dans les grands prés humides au bord du Branlin. Les hirondelles, les fauvettes et les loriots nous quittent. La nuit tombe vite et les matins sont de brume. En bandes bruyantes, les étourneaux passent au-dessus de nos têtes et s'abattent sur les champs moissonnés. Chaussé de bottes, je marche sur la terre boueuse en faisant voler les feuilles mortes. Un poème de Guillaume Apollinaire me revient en mémoire.

Image du printemps. *Cerisiers en fleur dans une prairie de boutons d'or.*

Dans un brouillard s'en vont un paysan cagneux
et son bœuf lentement
Dans le brouillard d'automne qui cache les hameaux
pauvres et vergogneux
Et s'en allant là-bas le paysan chantonne une chanson
d'amour et d'infidélité
Qui parle d'une bague et d'un cœur que l'on brise
Oh l'automne… l'automne a fait mourir l'été
Dans le brouillard s'en vont deux silhouettes grises.

Les saisons et la Lune

La durée totale de la succession printemps-été-automne-hiver correspond à une révolution de la Terre autour du Soleil. Cette période annuelle, que ponctuent la floraison des

L'axe polaire de notre planète fait un angle de 23 degrés avec l'axe de son orbite autour du Soleil. Cette inclinaison est responsable des saisons.

sous-bois, les migrations et les chants d'amour des oiseaux, nous est imposée par des réalités célestes. Elle est déterminée par l'intensité de l'attraction gravitationnelle[10] entre le Soleil et la Terre. Les constellations n'y sont pour rien. Elles ne sont que les témoins de cette révolution terrestre. Sans leur ronde annuelle, le mouvement orbital de la Terre nous serait indétectable[11]. Pourtant la croyance ancestrale en une influence des astres sur la vie terrestre n'est pas infondée. Le vol des oies dans le crépuscule est intimement lié à la présence de la Lune au-dessus de l'océan argenté ; mais une fois de plus dans un lointain passé, que nous explorerons à loisir dans les chapitres à venir.

Pourquoi y a-t-il des saisons ? Pourquoi le climat de nos régions change-t-il tout au long de l'année ? Quelle est l'origine de ce cycle annuel régulateur des comportements végétaux et animaux ?

Notre Terre tourne sur elle-même en un jour (24 heures). L'axe de rotation de ce mouvement diurne pointe vers l'étoile Polaire, dans la constellation de la Petite Ourse. Par l'imagination, quittons la Terre, projetons-nous dans l'espace pour observer le système solaire. Sous nos yeux, les planètes, en cortège, gravitent autour de notre Soleil doré. Leurs orbites dessinent un disque appelé « zodiaque », dont l'axe pointe vers la constellation du Dragon, pas loin de l'étoile Véga. Il fait un angle de 23 degrés avec l'axe de rotation de la Terre.

Si les deux axes étaient parallèles, les jours auraient tous la même longueur, et la température moyenne d'un lieu ne changerait pas au cours de l'année. Il n'y aurait pas de saison et les oiseaux n'entreprendraient pas leur migration annuelle[12].

La Terre n'est pas la seule à rencontrer une telle situation. Sur Mars le désalignement est de 24 degrés. À l'arrivée du printemps dans son hémisphère nord, la calotte polaire blanche se modifie. Sur Uranus la situation est poussée à l'extrême : les deux axes sont à angles droits. Vu du pôle, le Soleil resterait collé au zénith pendant tout l'été uranusien (qui dure plusieurs de nos années terrestres).

Mais pourquoi ces axes sont-ils désalignés ? Quelle est la cause de cette disposition particulière des mouvements planétaires, dont les effets prennent une telle importance pour chacune des espèces animales et végétales de notre environnement ? Laissons momentanément cette question en réserve.

Nouvelle promenade la nuit au bord de la mer. La Lune illumine le ciel et laisse un long reflet argenté sur l'obscurité des eaux. Sur son disque nous retrouvons les yeux, le nez et la bouche du « bonhomme dans la Lune » de nos contes d'enfants. Une simple jumelle nous en montre une image bien différente. Les traits familiers ont disparu. Maintenant, c'est une sphère grise ponctuée de taches sombres. Le télescope nous y révèle une multitude de cratères de toutes dimensions, quelquefois encastrés les uns dans les autres. À chaque phase (nouvelle lune, demi-lune, pleine lune), leurs dessins juxtaposés présentent des traits différents.

Quelle est l'origine de ces innombrables cirques qui façonnent le relief lunaire ? Chacun résulte de la chute d'une pierre céleste sur la surface nue de notre satellite. Des échantillons de pierres lunaires extraits de leurs décombres et analysés en laboratoire nous permettent de dater ces collisions. La grande majorité a plus de 4 milliards d'années. On y voit les marques d'un bombardement particulièrement intense pendant les premières centaines de millions d'années du système solaire. Des cratères plus récents nous indiquent un taux de chute beaucoup plus faible dans les époques postérieures.

Autour de plusieurs cratères lunaires des traits argentés s'étalent comme les rayons d'une roue de charrette. Éjectés dans l'espace et liquéfiés par la chaleur dégagée, des matériaux lunaires se sont solidifiés en vol pour retomber en myriades de billes de verre alignées. En certains cas la violence du choc a suffi à extraire des pierres du champ d'attraction lunaire et à les projeter dans l'espace interplanétaire. On a trouvé au pôle Sud de notre planète des météorites éjectées de la Lune et même de la lointaine Mars[13].

Les surfaces de la Lune (à gauche) et de Mercure (à droite) sont criblées de cratères météoritiques.

Les surfaces criblées de cicatrices météoritiques sont omniprésentes dans le système solaire. Le relief de Mercure ressemble, à s'y méprendre, à celui de la Lune *(voir ci-contre)*. La rouge Mars montre ses grands champs de cratères tout comme plusieurs satellites de Jupiter, de Saturne et de Neptune. Et même de minuscules astéroïdes, dont les dimensions se mesurent en dizaines de kilomètres, en portent les traces. La Terre n'a pas été épargnée. Mais l'érosion de nos reliefs continentaux par la glace, l'eau et l'air en a largement effacé les traces ; seules les chutes les plus récentes sont encore visibles.

Ces surfaces criblées sont porteuses d'un message : leurs cratères nous disent le mode de fabrication des planètes rocheuses. Les socles planétaires se sont constitués par l'absorption accumulée d'innombrables pierres en provenance de l'espace. Les traces des collisions antérieures ont été ensevelies sous les décombres des chutes plus récentes, dont les cratères visibles préservent la mémoire.

C'est ainsi que notre Terre s'est formée il y a plus de 4 milliards d'années. Gagnant de la masse à chaque apport météoritique, elle a rapidement atteint le seuil où son champ de gravité lui a permis de retenir des nappes d'eau et de matières gazeuses : les océans et les atmosphères. La vie pourra dès lors s'y développer.

Les comètes sortent de l'ombre

Merveilleuse surprise du printemps de 1997, la comète Hale-Bopp a illuminé le ciel nocturne de son vif noyau et de sa double queue blanche et bleue. Pour beaucoup elle a fait passer la notion de comète du domaine de l'abstraction à celui d'une réalité hautement spectaculaire.

Il y a quelques années, une autre comète a également suscité un grand intérêt. L'histoire commence en 1993 lorsque trois astronomes, Eugene et Mary Shoemaker et David Levy, observent une série d'environ vingt comètes sagement alignées au voisinage de Jupiter. Ce sont, des calculs d'orbites le démontrent, les débris d'une comète unique. Elle a

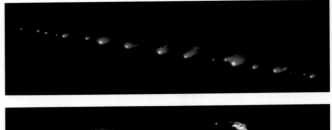

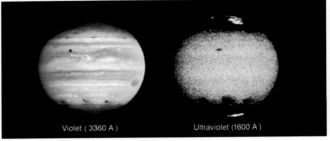

Violet (3360 A)   Ultraviolet (1600 A)

En juillet 1994, les débris de la comète Shoemaker-Levy (en haut) ont percuté la surface de Jupiter. Les marques des impacts sont visibles dans l'hémisphère sud (en bas).

été mise en pièces, un an plus tôt, par l'effet de marée de la planète géante, qu'elle frôlait à cette époque. Ces débris cométaires, toujours selon les calculs, se dirigent maintenant droit vers la surface de Jupiter. Tour à tour, ils vont la percuter entre le 16 et le 24 juillet 1994. Les instants de collision sont prévus à la minute près.

Débute alors un festival d'astronomie à l'échelle mondiale. Une batterie de télescopes sensibles aux rayonnements radio, infrarouges, visibles, ultraviolets et X est mobilisée pour l'occasion. Par milliers les astronomes, professionnels et amateurs, observent et photographient chacun des impacts. À chaque choc l'énergie dégagée équivaut à plusieurs millions de bombes atomiques. D'immenses champignons s'élèvent à plusieurs milliers de kilomètres. Les pôles de la planète s'illuminent de gigantesques aurores boréales et australes.

Certains dessins de la surface jupitérienne par Cassini Ier, à l'observatoire de Paris en 1682, laissent apparaître une séquence temporelle de taches qui pourraient très bien s'interpréter de la même façon.

Selon une tradition ancienne les comètes sont messagères de malheurs. On peut le comprendre : cette apparition blafarde parmi les constellations familières suscite une impression d'étrangeté difficilement contrôlable. L'écrivain romain Suétone les rend responsables des atrocités de Néron. L'effondrement de l'empire sous la poussée des « barbares » aurait été prophétisé par ces astres « omineux » ; le passage de la comète de Halley en 451 coïncide avec l'arrivée d'Attila et des Huns en Europe. Voici les mots avec lesquels Ambroise Paré décrit sa vision d'une comète en 1528 : « Un objet horrible et épouvantable de couleur sang avec à son sommet un bras courbé tenant une grande épée à la main comme s'il eût voulu frapper. »

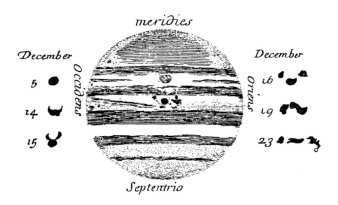

En décembre 1691, l'astronome Cassini observe une tache nouvelle sur la planète Jupiter. Du 5 au 23 décembre, la tache s'est progressivement modifiée en s'étalant le long de l'équateur. Il s'agit vraisemblablement de la chute d'une comète analogue à Shoemaker-Levy en 1994.

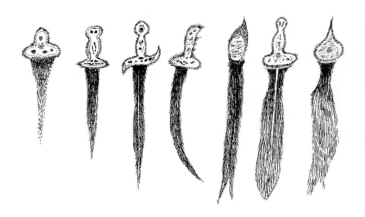

Dessins de comètes par Johannes Hevelius (1668). *Dans l'Antiquité, l'arrivée d'une comète dans le ciel semait souvent la terreur. Aujourd'hui, nous les voyons d'un autre œil. Les chutes de comètes sur la surface de notre planète ont vraisemblablement joué un rôle dans l'élaboration de la vie primitive.*

La science contemporaine a exorcisé les comètes. Loin d'être des prophétesses de malheur, elles ont eu sur nous une influence hautement bénéfique. Non pas aujourd'hui mais dans un lointain passé. Les comètes sont des blocs de glace de la dimension d'une grosse montagne. Par millions elles occupent l'immense espace qui sépare le Soleil des étoiles les plus rapprochées. À l'occasion, l'un de ces astres est extrait de son orbite lointaine pour être projeté dans la direction du Soleil. Sous l'effet de la lumière solaire les glaces se volatilisent lentement. Les substances éjectées s'illuminent et dessinent sur la voûte étoilée les splendides queues dont Hale-Bopp nous a donné un si bel échantillon.

Grâce au passage de la sonde Giotto à 500 kilomètres de la comète de Halley en 1986, grâce à l'analyse de la lumière de Hale-Bopp, nous connaissons maintenant assez bien leur

composition chimique. Elles sont principalement constituées de glace, mais aussi de poussières sombres et
d'hydrocarbures variés semblables à des goudrons. On y a
détecté la présence de nombreuses variétés de molécules
organiques [14].

Aux premiers temps de la Terre, météorites et comètes
percutent par millions sa surface. Les glaces fondent et se
mêlent aux pierres liquéfiées. Plus tard, après refroidissement, la vapeur d'eau est éjectée par d'innombrables cratères volcaniques. Elle retombe en pluie et constitue la nappe
aquatique. Des hydrocarbures et des cyanures cométaires
ont vraisemblablement joué un rôle important dans l'élaboration de la matière vivante. À ce double titre, loin d'être
porteuses de mort, les comètes participent activement au dialogue du ciel et de la vie.

Naissance du cortège planétaire

Au cours des dernières décennies nous avons pris
conscience de l'importance des « interventions célestes »
dans la naissance de la vie terrestre. Comètes et météorites
se sont associées pour construire un socle solide couvert
d'une nappe aquatique et nanti de molécules variées. Grâce
à eux la Terre, vue de l'espace, se présente comme une planète bleue.

Repoussant toujours vers le passé notre interrogation, nous
allons maintenant nous demander : mais d'où venaient ces
pierres célestes ? La réponse nous projette sur la voûte étoilée qui se révèle par les belles nuits sans Lune. Avec une
paire de bonnes jumelles, promenons notre regard sur la
longue séquence des nébuleuses qui émaillent la Voie lactée.
Ces masses faiblement lumineuses ne sont pas immobiles
dans le ciel. Éclairées par les astres qu'elles croisent sur leur
chemin, elles errent longtemps dans l'espace intersidéral.
Au cours des ères, leurs formes se modifient, se gonflent ou
se recroquevillent au hasard des circonstances. Ici les ondes
de choc émises par une étoile explosante (supernova) les
secouent violemment. Ailleurs elles naviguent en eaux

calmes. Aux basses températures, elles se replient sur elles-mêmes. Cela peut durer longtemps. Un jour, bousculée par un choc particulièrement intense, une nébuleuse entre dans une nouvelle phase. Un effondrement de la masse nébulaire s'amorce, s'accompagnant de fragmentations multiples. La nébuleuse mère donne naissance à un amas d'étoiles.

Tel est le scénario de la naissance de notre système solaire il y a quelque 4,6 milliards d'années. La nébuleuse protosolaire, sombre et froide, s'effondre lentement sous son propre poids. Aplatie par sa rotation, elle prend la forme d'un disque épais et turbulent. Là vont se former les astres du système solaire. Le Soleil apparaîtra au centre, et, à la périphérie, le cortège des planètes familières, des astéroïdes et des météorites. Plus loin encore, et jusqu'aux étoiles environnantes, l'immense essaim des comètes glacées.

Les nébuleuses galactiques contiennent une composante importante de poussières interstellaires : petits grains de

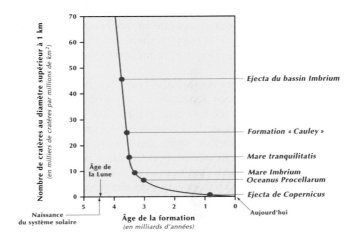

Courbe de cratérisation de la Lune.

matière solide de nature siliceuse, semblables à notre sable. Entraînés dans la rotation du disque protosolaire, ces grains se rencontrent, s'agglutinent et forment progressivement des conglomérats de plus en plus massifs. L'ensemble constitue un « anneau solaire » analogue à ceux de Saturne. Au cours des ères, l'espace se peuple ainsi d'une multitude de corps solides de toutes dimensions. L'enchevêtrement de leurs orbites provoque de violentes collisions. Les fragments

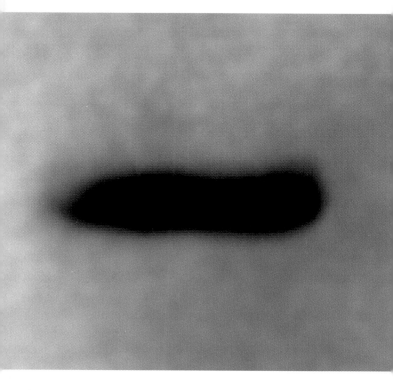

Ce disque sombre vu par la tranche est vraisemblablement un système planétaire en formation autour d'une étoile centrale.

rocheux volent en éclats. Au hasard des rencontres et des combinaisons, certains corps « prennent du poids ». Grâce à leur champ de gravité, ils détournent vers eux les bolides qui croisent dans leurs parages, accélérant ainsi leur propre croissance. La scène est bientôt dominée par quelques corps massifs : les futures planètes. Elles achèvent leur constitution en s'octroyant les quelques rares astéroïdes excentrés en orbite. Ces derniers impacts secouent la planète en profondeur. Les plus violents arrivent à incliner son axe de rotation.

Voilà la réponse à notre précédente question. Les désalignements des axes planétaires résultent des directions aléatoires des dernières collisions. L'éclosion des pervenches violettes à la fin de mars à Malicorne, le retour en avril des oies sauvages au cap Tourmente, le pas lourd du paysan d'Apollinaire dans le brouillard automnal, préservent la mémoire d'une collision brutale qui a incliné l'axe de la Terre vers la fin du bombardement météoritique des premiers temps du système solaire. Cette collision nous a

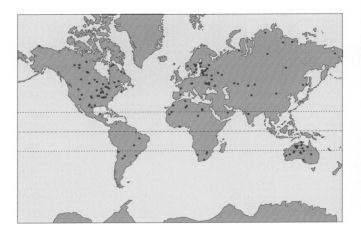

Distribution des cratères météoritiques identifiés à la surface de notre planète.

évité la monotonie jupitérienne, sans atteindre la démesure uranienne qui nous priverait de la lumière solaire pendant la moitié de l'année.

Nous savons maintenant pourquoi le Nil déborde chaque année à la même époque. Comme les Égyptiens, nous attribuons à cet événement une cause céleste : la chute d'un astéroïde. Le désalignement de l'axe de la Terre provoque l'augmentation printanière du flux de chaleur solaire, responsable de la fonte des neiges sur les hauts plateaux éthiopiens.

Origine de la Lune

Quelle est l'origine de notre satellite ? Curieusement ce problème n'a pas trouvé de solution satisfaisante avant les années 1970. Pourtant les hypothèses furent nombreuses. À la fin du XIXe siècle, George Darwin, fils du grand Charles, voyait la Lune comme un fragment de notre planète arraché par la force centrifuge de la rotation terrestre. L'immensité circulaire de l'océan Pacifique en marquait la cicatrice. Malgré son allure grandiose, cette thèse fut discréditée par le calcul. La Terre n'a jamais tourné assez vite pour faire office de fronde.

L'exploration lunaire de ces dernières décennies a relancé le débat avec des données nouvelles. Les échantillons lunaires ramenés montrent un grand état de sécheresse. Contrairement à nos cailloux terrestres, les pierres lunaires ne contiennent même pas de molécules d'eau encastrées dans leur structure cristalline. Les « mers » lunaires sont infiniment plus sèches que le Sahara. Pourtant, comme la Terre, la surface de la Lune est bombardée continuellement par les comètes glacées. Pourquoi est-elle restée sèche néanmoins ? La Lune est environ quatre-vingts fois moins massive que la Terre. Son champ de gravité, beaucoup plus faible que le champ terrestre, ne suffit pas à retenir les molécules d'eau à sa surface. (Mentionnons, sur ce point, la découverte récente de glace au pôle lunaire, là précisément où les basses températures peuvent en prévenir l'évaporation.)

De plus, la densité moyenne de la Lune est passablement plus faible que celle de la Terre. Elle est comparable à celle des couches superficielles de la Terre et non pas à celle de ses couches profondes. Tout se passe comme si, au contraire de notre planète, elle était dépourvue d'un noyau ferreux central.

On attribue la naissance de la Lune à la collision d'un astéroïde géant sur la Terre peu après sa naissance. Le bolide arrive non pas verticalement, mais à incidence rasante. S'il l'avait ratée, il serait retourné dans l'espace et… nous n'aurions pas de Lune ! Sous la chaleur dégagée par l'impact, d'immenses masses de matière sont projetées dans l'espace et engendrent des anneaux siliceux, composés de myriades de gravillons, semblables à ceux de la planète Saturne. Cette matière en orbite se serait ensuite agglomérée pour donner naissance à notre Lune argentée.

Darwin fils, après tout, n'avait pas complètement tort : la matière de la Lune est partiellement d'origine terrestre. Mais le mode d'extraction n'est pas celui qu'il avait envisagé. Une importante fraction de la masse lunaire provient de ce bolide percuteur dont la dimension aurait été d'environ un dixième de la masse terrestre (semblable à la planète Mars).

L'assèchement de la Lune s'expliquerait tout naturellement par la chaleur dégagée au moment de la collision. Rappelons, à ce sujet, les billes de verre éparpillées autour du cratère de Copernic. Elles témoignent pour nous du réchauffement brutal – suivi d'un refroidissement rapide – des surfaces soumises à de tels impacts. Nous avons enfin trouvé un mécanisme capable d'expliquer l'absence d'eau sur la Lune (hors des régions polaires). Et si le matériau lunaire ressemble plus à la surface terrestre qu'à son noyau ferreux, c'est que dans ce scénario il provient de cette surface.

Des études récentes ont montré l'influence de la Lune sur la stabilité de l'axe terrestre. Sans elle cet axe serait susceptible de basculer sur lui-même, altérant profondément la carte des climats terrestres. En stabilisant la répartition des températures moyennes, la Lune exerce effectivement une profonde influence sur la vie terrestre. Mais à l'échelle de millions d'années…

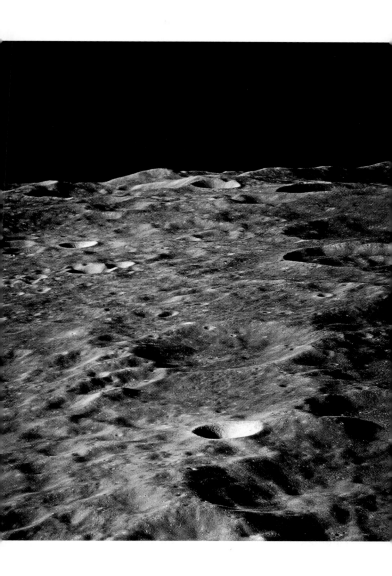

Surface de la Lune.

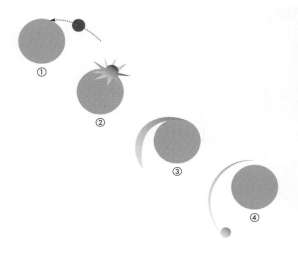

Notre Lune est vraisemblablement née de la chute d'un astéroïde géant sur la Terre, peu après la formation du système solaire. L'angle oblique de la collision (1) provoque l'éjection d'une grande quantité de matière dans l'espace (2 et 3). Les débris s'agglomèrent pour constituer notre satellite (4).

Astéroïdes et évolution biologique

Notre dossier sur le rôle des comètes et des astéroïdes dans notre existence comporte déjà des documents sur l'origine de la Terre, sur celle de la Lune et sur le cycle des saisons. Dans ce chapitre nous verrons combien, au cours des 4 derniers milliards d'années, ces bolides ont continué à interagir avec la biosphère. Loin de se dérouler en vase clos, l'évolution biologique a été profondément influencée par leurs multiples intrusions.

Le paysage de la vie terrestre est en perpétuel changement. L'effort concerté des géologues et des biologistes nous permet de retracer la progression des formes vivantes, à partir des organismes microscopiques de l'océan primitif jusqu'à la stupéfiante variété des plantes et des animaux contemporains. Sur la trame d'une lente évolution s'inscrivent des temps forts où le paysage biologique change brutalement. Il y a 250 millions d'années, une hécatombe d'une grande envergure entraîne la disparition de la moitié des espèces marines. C'est la fin des ammonites. On les trouvera désormais, sous la forme de fossiles pétrifiés, chez les marchands de curiosités minéralogiques. Nouvelle hécatombe, tout aussi importante, il y a 65 millions d'années, au cours de laquelle s'éteignent dinosaures, brontosaures et autres monstres préhistoriques qui font au cinéma le succès des *Jurassic Park*. De nombreux paléontologues estiment que la disparition de ces monstres n'est pas sans relation avec l'épanouissement subséquent des mammifères. En quelques dizaines de millions d'années ces animaux évoluent rapidement et se ramifient en nombreuses familles : chevaux, chats, éléphants, loups, baleines, singes, hominiens, etc.

Un assassin venu de l'espace ?

Les scénarios invoqués pour expliquer ces hécatombes sont nombreux : épisodes de volcanisme généralisé, regroupements des plaques continentales, réchauffements ou ères glaciaires, déluges ou assèchements. On a fait également référence à des événements d'origine astronomique : l'explosion d'une supernova au voisinage du système solaire par exemple.

La découverte, il y a quelques années, d'importantes quantités de métaux rares comme l'iridium, l'osmium et l'or dans des strates géologiques datant de 65 millions d'années a ouvert une nouvelle piste. La présence de ces éléments, généralement plus abondants dans le matériau des météorites que dans la croûte terrestre, semble bien signer l'arrivée d'une pierre géante. Sa matière dispersée par l'impact se serait déposée, plus ou moins uniformément, à la surface de notre planète. Selon le physicien Luis Alvarez, cette chute météoritique aurait provoqué la disparition des grands sau-

riens. Deux questions se posent alors : cette météorite a-t-
elle laissé un cratère approprié à sa dimension, et comment
a-t-elle pu être responsable de cette hécatombe ?

On a trouvé à Chixculub, dans la péninsule du Yucatán, au
sud du Mexique, des traces de la chute d'une météorite
géante dont la date semble bien correspondre à celle de l'hécatombe *(voir carte, page 60)*. L'analyse des perturbations
géologiques et des dépôts de matériaux confirme cette identification. Sous l'effet de la chaleur dégagée, des feux de
forêts se seraient allumés et des nuages opaques de fumée
auraient obscurci l'atmosphère entière. Empêchant la
lumière solaire d'atteindre le sol et entraînant un refroidissement rapide de la biosphère, cet événement aurait engendré un « hiver météoritique » de plusieurs années. Des
découvertes plus récentes viennent à l'appui de cette thèse :
on a trouvé dans cette strate géologique des particules de
suie ainsi que des formes minéralogiques résultant de chocs
violents et de hautes températures.

Ce scénario ne fait pourtant pas l'unanimité. Un problème
se pose. À cette époque fatidique, les dinosaures ne semblent pas disparaître du jour au lendemain. Leur extinction
s'étendrait sur des milliers, voire des centaines de milliers
d'années. Un hiver météoritique pourrait-il expliquer une
agonie aussi prolongée ? Une autre version évoque la vapo-
risation, sous le choc, de grandes quantités de carbonates
terrestres, entraînant la libération d'immenses nappes de gaz
carboniques dans l'atmosphère. Un effet de serre, semblable
à celui qui nous menace aujourd'hui, aurait provoqué un
réchauffement considérable de la surface planétaire.
Contrairement à l'hiver météoritique, l'effet destructeur de
cet événement pourrait se prolonger sur une période très

Notre planète vue d'une navette spatiale. *L'eau et l'air lui donnent
sa couleur bleue. En haut, la Lune, grise, aride et sèche. Sa masse n'est
pas suffisante pour retenir l'eau que les chutes de comètes lui ont
apportée. L'eau s'évapore dans le ciel.*

longue. Mais pourrait-il ainsi rencontrer les exigences des paléontologues et expliquer correctement la lente extinction des sauriens ? Affaire à suivre…

En résumé plusieurs événements importants ont lieu vers la même époque : la disparition des dinosaures, la chute d'une météorite au Yucatán, l'arrivée d'une couche géologique enrichie en métaux rares et en formes minéralogiques particulières. Même si nous ne savons pas relier correctement ces faits, il est difficile de croire qu'ils n'ont aucun rapport entre eux.

L'hécatombe d'il y a 250 millions d'années est-elle également d'origine météoritique ? Cinq cratères dont celui de Rochechouart en France et celui de Manicouagan au Québec datent de cette époque. Comme dans le cas de la comète Shoemaker-Levy, ils pourraient résulter de la fracture préalable d'un astéroïde dont les débris auraient provoqué une catastrophe. Une étude statistique fondée sur la fréquence des collisions météoritiques rend cette hypothèse tout à fait

Vestiges d'un cratère météoritique au Mexique, province du Yucatán. *Cet impact, qui a eu lieu il y a 65 millions d'années, est probablement responsable de la disparition des dinosaures.*

plausible. On évalue à une centaine de millions d'années l'intervalle moyen entre les chutes de météorites de dimensions supérieures à 10 kilomètres, comme vraisemblablement celle de Chixculub. La Terre en aurait reçu plusieurs dizaines depuis l'apparition de la vie terrestre [15]. Cette statistique est doublement instructive : d'une part elle rend très plausible leur rôle dans l'évolution biologique, tel que l'illustre l'événement Chixculub, d'autre part elle met en évidence l'extraordinaire robustesse des vivants ; ils ont tout de même survécu à tant d'agressions célestes…

Turbulences du magma terrestre

Une longue faille géologique parcourt le continent africain de l'Égypte jusqu'en Tanzanie. Il y a quelques millions d'années, à l'est de la faille, le sol se soulève lentement. La forêt s'assèche et se transforme en savane (on y a identifié les traces des premiers hominiens). À l'ouest de la faille, là où la forêt équatoriale n'est pas modifiée, aucune évolution analogue n'aurait été observée chez les populations de singes[16]. Cet assèchement, d'origine géologique, aurait-il joué un rôle déterminant dans l'apparition de notre lignée ? Plusieurs anthropologues envisagent sérieusement cette hypothèse.

Que s'est-il passé ? Dans la savane, la végétation pauvre et raréfiée offre peu de protection contre les prédateurs. Forcés d'apprendre à courir pour chercher abri, les simiens auraient été amenés à adopter la position verticale, libérant ainsi leurs mains. Ce changement postural aurait enclenché le phénomène d'hominisation, tandis que, de l'autre côté de la faille, dans la forêt tropicale, la vie simienne se poursuivait paisiblement.

Comme les chutes de pierres, l'agitation géologique provoquée par la chaleur interne de la Terre, elle-même engendrée par les désintégrations radioactives de l'uranium et du thorium, aurait influencé de multiples façons l'évolution biologique. Le soulèvement de la plaque n'en est vraisemblablement qu'un des nombreux exemples.

Astéroïdes et métaphysique

Dans ce livre nous entretenons, rappelons-le, trois réactions face au spectacle de l'évolution de la complexité. Après l'émerveillement et le questionnement scientifique, il y a l'interrogation métaphysique. Nous y revenons brièvement dans cette section.

Nous avons attribué à des collisions météoritiques respectivement le désalignement des axes de rotation et l'origine de notre satellite. Ces chocs de pierres venues du ciel nous ont donné la blancheur des nuits de pleine lune, la stabilité des climats et la merveilleuse séquence des floraisons printanières.

Dans l'entrelacs des orbites primitives, les directions des astéroïdes sont distribuées au hasard. Les chocs sont aléa-

Énergie *(en mégatonnes de TNT)*

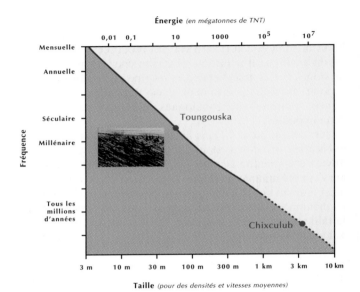

Impacts météoritiques. *Fréquence sur la Terre, en fonction de leurs dimensions et de leur puissance équivalente en mégatonnes de TNT. Une mégatonne de TNT correspond à une centaine de bombes atomiques d'Hiroshima. Sur le schéma, on a placé l'impact de Toungouska (Sibérie) en 1908 (forêts abattues sur des dizaines de kilomètres) et l'impact de Chixculub au Mexique il y a 65 millions d'années.*

toires. Aucune « nécessité » ne prédestinait la Terre à présenter et à conserver un axe de rotation incliné de 23 degrés par rapport à celui de son orbite. *A priori* tous les angles étaient possibles. Alignés comme ceux de Jupiter, les axes terrestres lui auraient assuré une température uniforme tout au long de l'année. Le spectacle des saisons en aurait été profondément modifié. À l'autre extrême, une disposition planétaire uranienne – des axes à angles droits – aurait accentué à l'extrême la rigueur des saisons.

Des événements aléatoires – c'est-à-dire non antérieurement déterminés – ont lieu et influencent profondément le futur. Ils tissent la trame sur laquelle une multitude d'autres événements s'inscrivent. Le choc des pierres célestes déclenche les mouvements des oiseaux migrateurs plusieurs milliards d'années plus tard. Chaque automne, le ciel de Malicorne nous le rappelle quand, en vastes bandes disciplinées, ils survolent les champs fanés et disparaissent derrière les collines boisées.

De même, si elle devait se confirmer, la thèse des météorites assassines prouverait qu'elles ont influencé en profondeur l'évolution de la vie terrestre et préparé le terrain pour l'apparition des mammifères et des humains. Pourtant il aurait suffi de bien peu de chose – une légère déviation de trajectoire – pour que la météorite d'il y a 65 millions d'années ne rencontre pas notre planète. Résultat : nous serions peut-être encore de petits mammifères nocturnes décimés par les dinosaures… Et si les mouvements turbulents du magma terrestre n'avaient pas provoqué le soulèvement de la plaque est-africaine, les hominiens ne seraient peut-être pas apparus…

Ces considérations donnent à réfléchir. La contingence de notre existence nous apparaît dans sa lumière crue. Devons-nous en conclure que nous sommes le produit du pur hasard ? que nos réflexions métaphysiques sur le sens de notre existence sont vaines et sans objet ? Nous y reviendrons au dernier chapitre.

Vestiges stellaires et galactiques

Dans le ciel austral, près de la Voie lactée, deux lueurs blanchâtres luisent faiblement par les belles nuits sans lune. Ce sont les Nuages de Magellan, le grand et le petit, galaxies satellites en orbite autour de la nôtre, comme la Lune autour de la Terre. Ne manquez pas ce spectacle impressionnant lors de votre prochain voyage dans l'hémisphère austral.

En février 1987 une étoile nouvelle y est apparue. Elle était visible à l'œil nu à la distance du Grand Nuage – environ 170 millions d'années-lumière –, et son éclat intrinsèque équivalait à trente millions de fois notre Soleil. Aucune étoile n'atteint cette luminosité sinon au moment de la formidable explosion qui signale sa mort.

Ce fait a profondément influencé l'astronomie contemporaine. Sous toutes les longueurs d'ondes lumineuses, on observe depuis cette époque l'évolution des restes de l'explosion. Nous connaissons dorénavant beaucoup mieux la nature des événements par lesquels la matière galactique s'enrichit en atomes nouveaux.

Dans les filaments éjectés par la violence de l'explosion, une grande variété de molécules se constituent à partir des atomes engendrés tout au long de la vie de l'étoile ainsi qu'au moment du cataclysme final. De l'oxygène se combine à l'hydrogène, formant des molécules d'eau. Ailleurs, du silicium, du magnésium et du fer s'associent à l'oxygène et au carbone pour produire des grains de poussière. Sur ces grains microscopiques les molécules d'eau ainsi que d'autres variétés se déposent. Ces grains et ces glaces formeront la poussière interplanétaire et peut-être, plus tard, la matière planétaire entourant les étoiles naissantes. De là naîtront comètes et astéroïdes et ultérieurement planètes et océans.

Les phénomènes qui marquent l'apparition des grandes structures de notre Univers sont encore mal connus. Deux découvertes récentes ont révélé des aspects inattendus de leur évolution : le rôle des collisions galactiques et celui des trous noirs.

Par rapport aux distances qui les séparent, les étoiles sont minuscules. Notre Soleil, dont le rayon est d'environ 3 secondes-lumière, est à plus de 4 années-lumière de sa plus proche voisine… Si les risques de collision entre étoiles sont infimes, il n'en est pas de même pour les galaxies ; leur distance moyenne est à peine dix fois plus grande que leur diamètre. Fréquents aujourd'hui, ces risques l'étaient encore plus dans le passé lointain, quand elles étaient plus rapprochées [17].

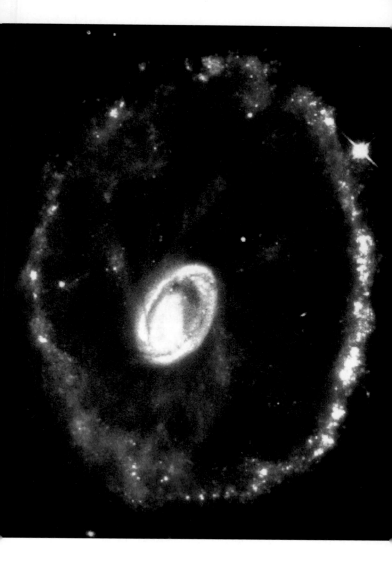

L'anneau bleu de cette galaxie est formé d'un grand nombre d'étoiles géantes bleues. C'est la collision de cette galaxie avec une voisine qui a provoqué leur naissance.

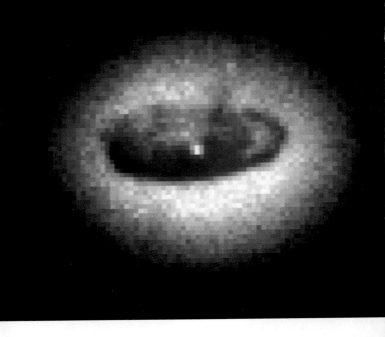

Au cœur d'une galaxie, un trou noir aspire et dévore les nébuleuses de son voisinage.

C'est plutôt la rencontre de deux nuages que celle de deux boules de billard qu'il faut évoquer pour décrire la collision des galaxies. La lente interpénétration des structures, si elle ne provoque pas de heurts brutaux, occasionne tout de même des effets hautement spectaculaires. Grâce au télescope spatial Hubble, nous en avons maintenant des images splendides. Mentionnons en particulier la galaxie nommée « Roue de charrette », secouée, il y a quelques millions d'années, par une violente collision. Un large cercle d'étoiles bleues y remplace les traditionnels bras spiraux. Le phénomène peut se comprendre par une comparaison. Quand un caillou frappe la surface d'une étendue d'eau, des « ronds dans l'eau » se propagent à partir du point d'impact. De même la puissante perturbation engendrée par le choc des galaxies accélère prodigieusement la formation d'étoiles géantes bleues – grandes productrices d'oxygène – dans une région circulaire autour de son noyau. De semblables collisions dans le passé lointain de notre Voie lactée trouvent sans doute ainsi leur place dans notre quête de l'origine de l'eau.

Les quasars sont des astres qui émettent autant de lumière que mille fois notre galaxie ; pourtant ils ne présentent aucun diamètre observable. Cette lumière provient d'une région minuscule, à peine plus grande que notre système solaire. Ces astres, nous le savons maintenant, se situent au centre de galaxies dites « à noyaux actifs ». Quelle peut être l'origine d'un tel flux d'énergie émanant d'un volume aussi restreint ?

Des observations récentes suggèrent fortement la présence d'un trou noir de plusieurs dizaines de millions de fois la masse solaire au cœur de chacune de ces galaxies[18]. Son obscure présence nous est révélée par le comportement de la matière nébulaire et stellaire qu'il aspire et engouffre ; elle s'échauffe et s'illumine violemment avant de disparaître pour toujours.

Chaque galaxie héberge vraisemblablement dans son cœur un trou noir. Résultant sans doute de l'effondrement de la nébuleuse protogalactique aux tout premiers temps de l'Univers, il manifeste sa présence en aspirant et en illuminant la matière galactique à sa proximité et s'éteint quand il a fait le vide autour de lui. Plus tard, les collisions de galaxies, en projetant dans son voisinage de la matière fraîche, peuvent ranimer pour un temps cet ogre endormi[19].

Ainsi, selon ce scénario, des épisodes « quasar » auraient eu lieu dans chaque galaxie, une fois à sa naissance, ensuite à l'occasion de collisions. Un trou noir, même muet, peut encore manifester sa présence par l'effet de son champ de gravité sur l'orbite des étoiles dans son entourage. La galaxie d'Andromède, notre proche voisine, en possède un. Et notre Voie lactée ? Nous n'avons pas encore de réponse définitive.

Résumons l'ensemble de ce chapitre. De notre voyage dans le passé, inspiré par le passage des oiseaux migrateurs, nous avons recueilli beaucoup d'éléments propres à nous éclairer sur l'élaboration de la complexité. Nous avons appris que la présence de l'eau sur la Terre implique un vaste ensemble de phénomènes cosmiques : chutes spectaculaires de météorites et de comètes, explosions d'étoiles visibles des confins de l'Univers, collisions de galaxies, formations de trous noirs affamés. Ici le dialogue du ciel et de la vie prend des proportions gigantesques.

La cathédrale de Chartres

En admirant l'exquise finesse des dentelles de pierre de la cathédrale de Chartres, ou la douce teinte des vitraux éclairés par le soleil durant une belle fin d'après-midi d'automne, on peut imaginer la mise en œuvre du chantier monumental, il y a plus de sept cents ans.

On se représente sans difficulté les travaux préliminaires de terrassement, les échafaudages géants, l'installation des treuils et des palans. On évoque le laborieux transport des blocs de pierre d'où émergeront la gracieuse structure et, sous le marteau des artisans, les figures hiératiques des apôtres. Le pur chef-d'œuvre gothique que le train de Nantes nous laisse apercevoir dans la plaine beauceronne n'existerait pas sans l'activité antérieure de ces lourdes mécaniques...

L'élaboration des socles planétaires est une étape fondamentale de l'apparition de la vie terrestre. L'espace interstellaire fourmille d'atomes, mais l'effet stérilisant des rayonnements ionisants neutralise toute tentative d'édification moléculaire. La vie, nous en avons la conviction, n'aurait pas pu apparaître dans l'espace. Il fallait d'abord préparer les conditions hospitalières de notre douillette planète. Les explosions et collisions de corps célestes, dans leur froide et impersonnelle brutalité, appartiennent à notre histoire ancienne. Ces chantiers s'inscrivent dans la logistique de notre venue au monde.

3 Légiférer

Toujours fascinés par le développement de la complexité cosmique, nous abordons maintenant le questionnement scientifique. Que peut nous dire la science contemporaine sur les éléments de cette construction, sur les ferments qui ont amené son élaboration ? Dans ce chapitre nous ferons connaissance avec certains personnages de ce dialogue du ciel et de la vie. Il y a d'abord les quatre forces de la nature, chacune à l'œuvre dans son domaine spécifique et dont l'action combinée fait apparaître les propriétés émergentes propres aux êtres complexes[20]. Elles imposent leurs lois et leurs énergies. On distinguera soigneusement la quantité et la qualité de ces énergies. La première ne varie pas ; la seconde se dégrade continuellement.

La promotion de la complexité n'est nullement un résultat garanti du jeu des forces et des énergies. Elle dépend crucialement du cadre macroscopique dans lequel les phénomènes physiques ont lieu. Le monde astronomique influence continuellement le monde atomique, qui, à son tour, influence le monde astronomique. L'espace ne se contente pas de permettre aux particules et aux forces de s'associer pour engendrer la complexité ; il influence les propriétés mêmes de ces particules et des forces qui s'exercent entre elles. La dernière partie de ce chapitre nous racontera l'origine de ces forces et de ces particules. Du moins ce que la physique peut nous en dire aujourd'hui.

Forces

Rencontres créatrices

Un couple de tourterelles turques niche depuis plusieurs années dans une vieille grange à Malicorne. Ces oiseaux gris, marqués au cou d'une tache noire en forme de cédille, se quittent rarement. Perchés sur une haute branche, ils roucoulent de concert. Puis, émettant un son nasillard, ils volent vers une toiture.

Ce duo d'oiseaux illustre une notion clé de notre histoire : la « rencontre créatrice ». Attirés l'un vers l'autre par l'instinct de reproduction, ces deux oiseaux, un jour, ont fait connaissance. Chaque année amène une portée d'oisillons

Une galaxie dans la constellation de Pégase. *La force de gravité est responsable des structures à grande échelle de notre Univers.*

qui à leur tour rechercheront des partenaires. Sous l'effet d'une force, deux êtres se joignent. Le résultat ouvre la porte sur d'autres rencontres. Le « nouveau » porte en lui le germe d'autres nouveaux.

Un électron et un proton, attirés par la force électromagnétique, se joignent et forment un atome d'hydrogène. Plus tard, sous l'effet de cette même force, cet atome d'hydrogène rencontre un autre hydrogène et un oxygène, auxquels il se combine en une molécule d'eau.

Au cœur brûlant des géantes rouges, des noyaux d'hélium s'associent sous l'effet de la force nucléaire. Ils composent successivement des noyaux de carbone (3 hélium) et d'oxygène (4 hélium). Éjectés dans l'espace à la mort de l'étoile, ces noyaux donneront naissance aux atomes et aux molécules des cortèges planétaires.

La gravité entraîne d'immenses masses de gaz interstellaire à s'effondrer sur elles-mêmes et à former des étoiles nouvelles où se logeront les réacteurs nucléaires responsables de la formation des noyaux atomiques.

Ces rencontres créatrices sont les éléments charnières de la croissance de la complexité à tous les niveaux de la structuration matérielle. Sans elles l'univers ne serait jamais sorti de son chaos initial.

Inventaire des forces

La matière se présente à nous sous des formes extrêmement variées. Elle se manifeste par un très grand nombre de comportements. La physique moderne explique ces phénomènes par l'action de quatre forces (ou interactions) sur les particules du cosmos : la gravité, la force électromagnétique, la force nucléaire et la force faible.

La gravité est responsable des grandes structures : galaxies, étoiles, planètes. La force électromagnétique s'active dans un domaine de dimension intermédiaire ; elle tient les électrons en orbite atomique autour des noyaux et associe les atomes en molécules. La force nucléaire soude les quarks en protons et neutrons et ceux-ci en noyaux. La force faible ne soude rien du tout ; elle est trop faible[21]… Mais elle joue quand même des rôles importants, dont nous parlerons bientôt. L'inventaire est-il complet ? Ou bien y a-t-il d'autres forces ? La question est ouverte.

Dans les pages qui suivent, je vais raconter la découverte de ces forces par les humains. Ces connaissances nous permettent de comprendre leur utilisation par les organismes vivants. J'illustrerai le rôle respectif de chacune de ces forces dans l'élaboration de la complexité cosmique.

La force de gravité

Jean de La Fontaine prêtait volontiers aux animaux des comportements étonnants. Invitant le corbeau à ouvrir un large bec pour « montrer sa belle voix », le renard semble appréhender la chute des corps… Mais La Fontaine pouvait-il soupçonner l'utilisation réelle de cette force par les animaux ?

Saisissant une huître sur le rivage, une mouette la transporte à grande hauteur puis la laisse tomber sur les rochers. Sous le choc, l'huître se brise et la mouette descend vers son repas.

Une mouette en vol porte dans son bec un poisson fraîchement pêché. Un labbe (grand oiseau marin) se précipite sur elle. Effrayée, elle laisse échapper sa proie. Avec une maîtrise accomplie de l'accélération gravitationnelle, le labbe recueille le poisson en un point précis de sa trajectoire.

La gravité est la force la plus immédiatement perceptible à l'observateur humain. Grâce à Newton, au XVIIe siècle, nous savons que tous les corps s'attirent en fonction de leurs masses et de leurs distances. Pourtant, dans le cadre de la physique contemporaine, cette force reste fondamentalement la plus énigmatique.

La gravité et l'évolution cosmique

L'activité de la force de gravité marque profondément l'évolution du cosmos et de la complexité. Elle y joue de nombreux rôles.

Le cosmos des premiers temps se présente sous la forme d'un magma uniforme, tout à fait inapte à l'élaboration de structures autonomes. Fragmentant la matière homogène du chaos primordial, la gravité en extrait les premières unités individuelles : les amas de galaxies, les galaxies elles-mêmes et plus tard les étoiles et les planètes. Les structures cosmiques se situent en un lieu déterminé, attribut essentiel des êtres complexes. Elles possèdent une frontière qui les sépare du monde extérieur.

Dans la purée initiale du cosmos la température décroissante est partout la même. L'univers est isotherme. Tel n'est plus le cas aujourd'hui : certaines étoiles atteignent des milliards de degrés alors que la température de l'espace (rayonnement fossile) s'approche lentement du zéro absolu. Ces écarts de température (le Soleil est plus chaud que la Terre) sont indispensables à l'apparition de la complexité. C'est encore à la gravité que nous les devons[22].

À plus grande échelle, la gravité contrôle la vitesse de refroidissement du cosmos. L'apparition de la diversité cosmique et l'élaboration des briques de la vie dépendent de la valeur précise de ce taux de refroidissement *(page 121)*.

Rappelons que la gravité est également responsable des chutes cométaires et météoritiques à l'origine de l'atmosphère et de l'océan.

La force électromagnétique

Selon Thalès de Milet, philosophe grec du Ve siècle avant Jésus-Christ, on peut attirer de petits objets en frottant une tige d'ambre sur de la laine. En grec ancien le mot « ambre » se dit « électron ». D'où le terme de « force électrique » pour décrire ce phénomène.

Les Grecs anciens connaissaient la curieuse propriété attractive (aimantation) d'une variété de pierres noires provenant de la région de Magnésie en Asie Mineure (Turquie). Aristote aurait observé qu'à proximité d'une pierre de Magnésie, une barre de fer devenait elle-même aimantée. Elle était « magnétisée »...

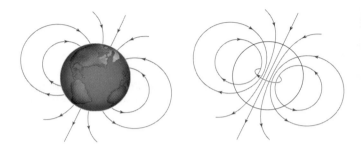

Le champ magnétique de la Terre est créé par des anneaux de courant électrique à l'intérieur de la planète. Horizontal dans les régions équatoriales, il s'incline de plus en plus vers la verticale à l'approche des pôles magnétiques.

On attribue aux Chinois la découverte de la boussole. Un aimant suspendu au bout d'un fil s'oriente spontanément dans la direction nord-sud. L'utilisation de cette propriété pour la navigation est certainement antérieure au XIIIe siècle. En traversant l'Atlantique en 1492, Christophe Colomb constate que les aimants ne s'orientent pas exactement vers le pôle géographique mais plutôt vers un « pôle nord magnétique ». Nous le situons dans les îles de la Reine-Élisabeth, à quelque 1 600 kilomètres au sud du pôle géographique. Quelques années plus tard on découvre que l'aiguille aimantée s'oriente non seulement dans le plan horizontal, mais aussi dans le sens haut-bas. Horizontale à l'équateur, elle devient pratiquement verticale au voisinage des Pôles. Cette inclinaison détermine la « latitude magnétique » du lieu. Ces informations sont consignées sur des cartes magnétiques de la surface terrestre.

Le champ magnétique terrestre est engendré par des mouvements de particules chargées dans les couches internes du globe. Il varie au cours du temps. Il s'inverse irrégulièrement. Le pôle nord magnétique devient alors le pôle sud et vice versa. Des variations régionales se produisent quelquefois très rapidement. Ainsi dans le golfe de Guinée, une « anomalie » magnétique s'est déplacée de quelques centaines de kilomètres en 30 ans. Comment les oiseaux migrateurs s'y retrouvent-ils ?

L'étude systématique des phénomènes électriques ne commence guère avant le XVIIᵉ siècle[23]. On s'intéresse surtout à déclencher de grandes étincelles. Quand Volta fabrique la première pile électrique, personne ne devine le lien profond qui relie l'électricité et le magnétisme.

Sérendipité

Un conte persan nous parle de trois princes de Serendip qui avaient le don de profiter astucieusement des hasards de leur existence. En anglais ce don porte le nom de *serendipity*. On peut le traduire par « sérendipité ».

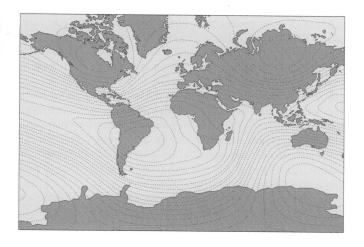

L'intensité du champ magnétique n'est pas uniforme à la surface terrestre. Cette carte indique ses variations.

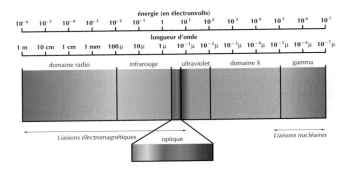

L'œil humain ne perçoit qu'une faible partie de l'ensemble des ondes électromagnétiques : il s'agit de la région optique. Les chats et les serpents perçoivent l'infrarouge. Certains oiseaux (les mésanges bleues) perçoivent l'ultraviolet.

Lors d'une conférence de physique populaire, en avril 1820, Hans Christian Oersted rassemble sur une même table des bobines électriques et des aiguilles aimantées. Approchant par hasard une boussole d'un fil électrique, il constate avec surprise que l'aiguille tourne sur son socle. Le courant électrique engendre de l'aimantation ! Quelques années plus tard, Michael Faraday induit un courant électrique dans un fil en agitant un aimant dans son voisinage. Une aimantation variable induit un courant électrique ! L'électricité et le magnétisme ne sont pas des phénomènes distincts, mais plutôt des manifestations différentes d'une force unique dite « électromagnétique ».

Nouvelle découverte inattendue : les étincelles électriques provoquent des effets perceptibles à grande distance. De là naissent les premiers télégraphes sans fil (TSF). Selon la théorie électromagnétique de James Clerk Maxwell, le mouvement des charges électriques engendre des « ondes électromagnétiques » qui se propagent dans l'espace, à une

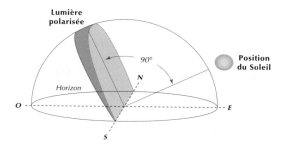

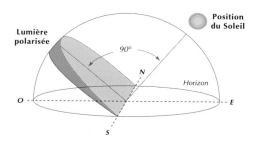

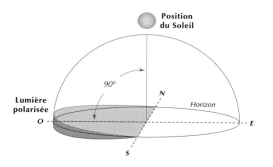

La lumière réfléchie par la voûte céleste (le bleu du ciel) est polarisée dans un plan perpendiculaire à la direction du Soleil. Cette polarisation peut être détectée au moyen d'un polarimètre. Nos yeux y sont insensibles, mais certains oiseaux la perçoivent.

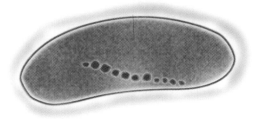

Certaines bactéries possèdent une boussole interne sous la forme d'une chaîne de petits cristaux de fer aimanté.

vitesse de 300 000 km/s ; exactement comme la lumière. Les rayons lumineux sont des ondes électromagnétiques !

La longueur d'onde de la lumière visible est d'environ un demi-micron (l'épaisseur d'une bulle de savon). C'est le rayonnement auquel notre œil est sensible : l'arc-en-ciel du rouge au violet. Pourtant cela ne représente qu'une fraction de l'ensemble des ondes électromagnétiques. D'autres rayonnements, dont l'existence est prédite par la théorie, sont découverts au cours des décennies qui suivent. Par ordre de longueurs d'onde décroissantes, on obtient les ondes radio, millimétriques, les infrarouges, les ultraviolets, les rayons X et les rayons gamma. Les propriétés de ces ondes électromagnétiques permettent bientôt l'élaboration de nombreuses techniques : radio, radar, radiologie médicale, etc. Notons que ces rayonnements existent depuis la naissance de l'Univers. Mais pour les « découvrir », il a fallu d'abord élucider le lien entre l'électricité et le magnétisme, ainsi que la nature de la lumière.

Autre exemple de sérendipité : en 1669, le chimiste Erasmus Bartholin dépose un cristal de calcite sur un manuscrit. Le minéral transparent laisse voir deux images légèrement décalées du texte. L'explication viendra avec la physique quantique. Les photons lumineux existent en deux variétés différentes, appelées polarisation gauche et polarisation droite. Le cristal les sépare pour en faire deux images distinctes. Dans certaines directions la lumière ne contient qu'une seule variété de photons. On dit que le faisceau est « polarisé ». Notre œil ne peut voir la différence. Ainsi en est-il de la lumière solaire réfléchie par l'atmosphère terrestre. On la met en évidence au moyen de lunettes de soleil de type « Polaroïd ». Selon la position du Soleil une fraction de la voûte céleste reste sombre.

Si l'on plonge un bouillon de culture dans un champ magnétique, certaines bactéries orientent systématiquement leurs déplacements dans la direction du champ; elles

Mésange bleue. *Le plumage de tête du mâle émet un rayonnement ultraviolet invisible à nos yeux mais parfaitement perceptible par sa compagne.*

contiennent en effet de minuscules billes de magnétite aimantée *(voir p. 80)*. Dans notre hémisphère, la direction du champ magnétique nord les entraîne vers le bas, où la nourriture se concentre. Le texte dont je dispose ne dit pas si dans l'hémisphère austral elles se dirigent dans la direction opposée au champ magnétique, vers le sud, pour atteindre correctement le bas de leur récipient… De nombreux migrateurs – tortues, thons, saumons, pigeons – s'orientent également au moyen du champ magnétique terrestre[24].

Les phénomènes électriques interviennent dans le comportement de plusieurs poissons. Assez semblable à l'anguille, le gymnote électrique émet des décharges de plus de 500 volts qui paralysent ses victimes. Les requins détectent des champs électriques extrêmement faibles qui leur signalent à très grande distance la présence de flétans.

Les serpents détectent le rayonnement infrarouge émis par le corps chaud d'une souris. Les femelles mésanges bleues reconnaissent leurs mâles au rayonnement ultraviolet émis par leur calotte.

La force électromagnétique et l'évolution cosmique

En associant les atomes de carbone, d'oxygène, d'azote et d'hydrogène, la force électromagnétique élabore les gigantesques architectures chimiques des protéines. Les jeux subtils des échanges moléculaires interviennent à tous les niveaux des opérations physiologiques. Notre existence et notre durée de vie y sont intimement reliées.

Depuis 4,5 milliards d'années, le Soleil inonde la Terre de ses rayons jaunes. Absorbés par les feuilles, les photons déclenchent la photosynthèse et la fabrication des sucres. Si le Soleil s'éteignait, la vie disparaîtrait de notre planète[25].

La force électromagnétique intervient également à l'échelle stellaire et galactique. S'ils n'émettaient pas de photons, les astres ne pourraient se réchauffer et provoquer des réactions nucléaires génératrices d'atomes. La lumière émise par les grandes structures du cosmos accélère leur contraction gravitationnelle.

La force nucléaire

Les premiers signes de l'existence de la force nucléaire datent de la toute fin du siècle dernier. Au moyen de plaques photographiques, Henri Becquerel étudie les propriétés de certaines substances phosphorescentes en les exposant au plein soleil. Mais, manque de chance, entre le 27 février et le 1er mars 1896, le ciel est gris sur Paris. Les sels d'uranyle sont gardés dans un tiroir. Becquerel constate à sa grande surprise que même dans l'obscurité ces sels ont impressionné la plaque photographique sur laquelle ils reposent. Il vient de découvrir (sérendipité !) une nouvelle

Découverte de la radioactivité. *Cette image floue d'une pièce de monnaie est un document historique. Elle signale la découverte de la radioactivité et donc de la force nucléaire par Henri Becquerel. La pièce, placée entre les sels d'uranium et une plaque photographique, a laissé cette empreinte.*

force apte à modifier la nature chimique des atomes. Le vieux rêve des alchimistes !

Dans les années qui suivent, les êtres humains apprennent à utiliser l'énergie nucléaire en mettant à leur profit la fission des noyaux d'uranium et de plutonium. Ils inventent tour à tour les réacteurs nucléaires (où le débit d'énergie est contrôlé) et les bombes atomiques (où il ne l'est pas). Plus tard on découvre les restes d'un réacteur nucléaire naturel vieux d'un milliard d'années dans une mine d'uranium du Gabon. La nature encore une fois nous a précédés…

Si les animaux ne semblent pas avoir appris à utiliser cette force, c'est sans doute en raison de l'excessive intensité des énergies mises en jeu[26] : un million de fois celle des énergies biochimiques. Le nucléaire, c'est un peu l'éléphant dans un magasin de porcelaine. Comme les habitants d'Hiroshima et de Nagasaki l'ont appris à leurs dépens, ses effets sur les êtres vivants peuvent être très négatifs.

La force nucléaire et l'évolution cosmique

Les étoiles brillent longtemps : des millions et des milliards d'années. De quelle nature est leur carburant ? Les énergies électromagnétique (chimique) et gravitationnelle, les seules connues avant le XXe siècle, ne donneraient pas au Soleil une longévité supérieure à quelque 20 millions d'années. La présence d'ossements beaucoup plus anciens dans les strates géologiques a longtemps posé de sérieuses difficultés chronologiques.

Vers 1930 les physiciens mettent le doigt sur la bonne solution : les étoiles « carburent » au nucléaire. En 1938, le physicien allemand Hans Bethe établit en détail la séquence des réactions nucléaires au cœur des étoiles. Son secret : la transformation de l'hydrogène en hélium.

En fait, la force nucléaire intervient à deux niveaux différents dans la construction du monde. Avant de souder les protons et les neutrons pour en faire des noyaux, comme au centre des étoiles, elle a, pendant les premiers millionièmes de seconde du cosmos, soudé les quarks trois par

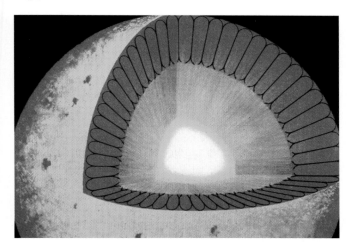

*Dans son cœur brûlant le Soleil transforme en permanence une frac-
tion de sa masse en énergie lumineuse. Les photons émis à sa surface
viennent restaurer la qualité des énergies terrestres : l'eau de mer
remonte dans les nuages et le fumier sert d'engrais.*

trois pour en faire des protons et des neutrons[27]. Sa puissance est garante de la stabilité des noyaux atomiques.
Elle leur assure une longévité de milliards de milliards
d'années.

Dans les cœurs torrides des étoiles, la force nucléaire joue
un double rôle évolutif. D'une part, elle provoque la formation de toutes les espèces chimiques par la fusion successive
des noyaux légers en noyaux lourds (nucléosynthèse). Les
atomes de carbone, d'azote et d'oxygène, briques fondamentales des molécules de la vie, se créent en permanence
dans les étoiles géantes rouges. D'autre part, elle produit
l'énergie lumineuse dégagée dans l'espace : l'étoile brille.
Absorbée par les plantes, au moyen de la photosynthèse, la
lumière solaire alimente les êtres vivants.

À l'intérieur de notre planète Terre, la force nucléaire se manifeste d'une manière indirecte mais non moins spectaculaire. La nébuleuse protosolaire dont la contraction a donné naissance au système solaire et donc à la Terre contenait une faible quantité d'atomes radioactifs (uranium, thorium), engendrés dans les explosions de supernovae. S'étalant sur des milliards d'années, la désintégration de ces noyaux est responsable de la chaleur interne de la Terre (quelque 6 000 degrés au centre). Ce noyau chaud tient les couches terrestres en agitation continuelle. Il provoque les déplacements des continents, les éruptions volcaniques et les tremblements de terre. Ces mouvements s'arrêteront lorsque, comme pour la Lune, cette chaleur interne aura été entièrement dégagée.

Cette agitation du matériau terrestre assure la permanence de notre atmosphère. Sans elle, l'absorption des gaz par la surface océanique ne serait plus compensée par les émissions volcaniques, et la couche d'air s'amincirait irrémédiablement. Ici encore, la force nucléaire s'inscrit dans l'évolution de la complexité ; sans elle, la Terre serait froide et sans atmosphère.

L'intensité des forces

Avant d'en venir aux propriétés de la force faible, arrêtons-nous pour aborder un sujet particulièrement important dans le cadre de notre étude. Posons-nous une question en apparence académique, mais qui nous amènera pourtant à des interrogations fascinantes : comment l'Univers aurait-il évolué si au départ les propriétés des forces avaient été différentes ?

Dans un noyau deux forces s'opposent : la force nucléaire, qui attire les nucléons (protons et neutrons), et la force de répulsion électromagnétique entre les protons, qui tend à le faire éclater. Que se serait-il passé si la force nucléaire avait été un peu plus puissante ? Les hautes températures des premiers temps du cosmos auraient alors associé tous les protons en noyaux lourds. Résultat : pas d'hydrogène dans le cosmos. Conséquence : raccourcissement considérable des longévités stellaires. La vie n'aurait pas eu le temps d'apparaître. De surcroît : pas d'hydrogène, donc pas d'eau !

À l'inverse, si la force nucléaire avait été un peu plus faible, aucun noyau lourd (carbone, azote, oxygène) n'aurait pu se former. L'Univers serait de pur hydrogène. Telle qu'elle est, la force nucléaire est juste assez forte pour permettre la formation de noyaux lourds, mais pas suffisamment forte pour faire disparaître l'hydrogène du cosmos dans les grandes chaleurs du big bang. Heureuse « coïncidence » !

Autre exemple : l'abondance du carbone dans la nature tient à une propriété tout à fait spéciale de son noyau atomique. Une variation infime de l'intensité de la force nucléaire rendrait sa fabrication extrêmement difficile et ferait de lui un élément d'une grande rareté. On connaît l'importance du carbone dans la structuration des organismes vivants…

Dans les pages qui suivent, nous rencontrerons d'autres situations où l'évolution de la complexité semble dépendre de semblables coïncidences. Dans la cadre de la biologie on les expliquerait en termes d'adaptation. Ce n'est pas un hasard si l'œil est sensible aux longueurs des ondes lumineuses émises par le Soleil. Mais le schéma darwinien est confiné au monde des vivants. Il ne peut expliquer le rapport des forces de la nature !

La force faible

Vers 1930, nouvelle découverte fondamentale : les réactions entre les noyaux atomiques ne font pas intervenir seulement la puissante force nucléaire. Dans certaines circonstances, une nouvelle force, d'intensité beaucoup plus faible, s'y manifeste. Ses propriétés sont généralement mal connues du public non scientifique. Aussi vais-je la présenter un peu plus longuement.

Tout commence avec la découverte du neutron. Cette particule, semblable au proton, en diffère sous deux aspects

Photons et neutrinos solaires. *Le Soleil nous envoie des photons et des neutrinos. Les photons nous parviennent de l'ensemble de sa surface ; les neutrinos, d'une région minuscule au centre du disque. Ils nous arrivent jour et nuit ; le soleil neutrinique ne se couche jamais.*

importants. Elle n'a pas de charge électrique (d'où son nom), et elle est instable. À l'état libre elle se désintègre en quinze minutes environ. Elle laisse derrière elle trois particules différentes : un proton, un électron et une nouvelle particule appelée « neutrino » ou petit neutron. Ce neutrino ne réagit ni à la force électromagnétique ni à la force nucléaire ; son comportement est gouverné par une autre force, appelée au début force de Fermi (du nom du physicien italien Enrico Fermi) et maintenant tout simplement force « faible ». Sa principale manifestation est la transformation des neutrons en protons et, en certains cas, des protons en neutrons.

Prenons un exemple concret : l'atome de carbone 14, bien connu des archéologues. Son noyau contient six protons et huit neutrons. Sous l'aiguillon de la force faible, un neutron se transforme en un proton. Résultat : le noyau contient maintenant sept protons et sept neutrons ; c'est un noyau d'azote. Cette transformation prend en moyenne six mille ans (dans un noyau le neutron n'a pas la même durée qu'à l'état libre). Elle permet, entre autres, la datation des momies égyptiennes.

En raison de la grande « faiblesse » de la force faible, les neutrinos[28] sont extrêmement discrets. Ils peuvent traverser d'énormes quantités de matière sans être pratiquement affectés. Émis en grande quantité par les réactions nucléaires au centre du Soleil, les neutrinos s'échappent de notre étoile sans la moindre difficulté. Contrairement aux photons solaires, ils passent sans être absorbés à travers notre planète. Le Soleil visible se couche chaque soir quand son disque descend sous l'horizon, mais le Soleil neutrinique ne se couche jamais. La nuit, les détecteurs reçoivent des neutrinos qui ont traversé la Terre.

Aucun phénomène biologique connu ne semble faire intervenir la force faible. Mais qu'en est-il ailleurs ? On peut imaginer sur quelque planète lointaine d'hypothétiques organismes pourvus d'yeux capables de détecter les neutrinos. Difficulté majeure : la masse de ces yeux. Une image neutrinique exige des détecteurs de milliers de tonnes. Les organismes munis de tels organes de vision seraient incapables de mouvement. Ils crouleraient sous leur propre poids.

La force faible et l'évolution cosmique

Malgré tout, et en raison précisément de son extrême discrétion, la force faible intervient à plusieurs reprises dans l'évolution de la complexité cosmique. Elle contrôle la vitesse des réactions nucléaires à l'intérieur du Soleil. Sa très grande faiblesse détermine la durée de vie de notre étoile et assure les milliards d'années essentielles à l'élaboration de la vie[29].

Sans l'action de la force faible les atomes engendrés pendant la vie d'une étoile resteraient, à sa mort, enfermés dans le résidu stellaire (étoile à neutrons ou trou noir). Les neutrinos jouent un rôle essentiel dans le mécanisme d'éjection de matière par les supernovae. L'énergie dégagée par l'effondrement du cœur stellaire se propage dans l'étoile sous forme de neutrinos. Une fraction de ce flux est absorbée par les atomes des couches supérieures de l'étoile. L'énergie transmise est suffisante pour en provoquer l'éjection dans l'espace. Les atomes nouveaux s'échappent et s'incorporent au sein des nébuleuses interstellaires.

En reprenant la discussion précédente *(page 86)*, imaginons un univers où la force faible serait encore un peu plus faible. Les neutrinos traversent plus facilement encore, et sans les entraîner, les couches supérieures des supernovae. Résultat : les atomes nouveaux restent définitivement enfermés dans le résidu stellaire. Augmentons maintenant artificiellement la force faible. Cette fois les neutrinos, absorbés par la matière du cœur stellaire, ne parviennent même pas aux couches supérieures ; là encore, pas d'éjection. La marge de manœuvre est mince. Les explosions de supernovae et la dispersion des atomes nouveaux impliquent un « ajustement fin » de l'intensité de la force faible. Une autre coïncidence remarquable…

Neutrinos et supernovae. *La force faible joue un rôle majeur dans l'éjection de matière par les supernovae. Les neutrinos émis au centre de l'explosion entraînent avec eux les couches supérieures de l'étoile.*

Coïncidences

En pages 100 et suivantes, je raconterai la préhistoire des forces de la nature. Elles apparaissent et évoluent rapidement au cours de la première seconde du cosmos, mais, ayant pris par la suite leurs formes définitives, elles n'en bougeront plus. Plusieurs exemples de ce chapitre nous ont montré combien elles ont très exactement les propriétés requises pour l'éclosion de la complexité. Des modifications même minimes de leurs intensités relatives, sans affecter vraiment le refroidissement et la raréfaction de la matière cosmique, auraient des effets catastrophiques sur l'apparition des systèmes complexes et en particulier de la vie sur la Terre.

Mais cette argumentation et cette conclusion sont-elles valables ? Peut-on arbitrairement modifier une propriété des lois physiques, prétendant que les autres restent constantes, et en tirer des conclusions acceptables ? Rien n'est moins certain. Un contre-exemple jette ici un doute sérieux. Chaque étudiant apprend au lycée que l'attraction entre deux masses décroît avec le carré de la distance qui les sépare (théorie de Newton). Question naïve : pourquoi le carré (la distance à la puissance 2) plutôt que le cube (puissance 3) ou toute autre valeur, entière ou non entière ? Réponse : la stabilité des orbites planétaires l'« exige ». Une valeur même très faiblement différente de 2 suffirait soit à projeter la planète vers l'astre central, soit à l'éjecter vers l'espace glacial. Impossible dans ces conditions d'assurer l'ensoleillement constant pendant les milliards d'années d'épanouissement de la vie.

Or nous savons par ailleurs que ce nombre 2 ne peut être « changé ». La théorie de la gravité d'Einstein, qui englobe et élargit celle de Newton, ne nous laisse aucune liberté à ce sujet. 2, c'est 2,000…000 et non pas 2,000…001 ! Nos spéculations ne sont pas de mise ici. Il n'est pourtant pas sans intérêt de noter que la valeur rigidement imposée est précisément celle qui permet l'apparition de la vie.

Que dire alors des propriétés des autres forces : nucléaires, faibles, électromagnétiques ? On peut supposer qu'elles ne sont en fait pas plus arbitraires que celles de la gravité. Elles pourraient être imposées par une théorie plus générale qui les engloberait comme la théorie d'Einstein englobe celle de Newton. Einstein a passé les trente dernières années de sa vie à tenter de formuler, mais sans succès, une théorie « unitaire » de l'Univers. D'autres physiciens ont repris le flambeau et travaillent vigoureusement à « unifier » les forces de la physique. Le but, qui reste encore lointain, pourrait bien être atteint dans les années, voire les décennies, à venir.

Comme dans le cas de la gravité, on peut supposer que cette théorie générale rendrait caduques nos spéculations antérieures sur des variations possibles des paramètres. D'où une conclusion étonnante : cette théorie imposerait aux propriétés de la matière d'être précisément celles qui assurent la fertilité du cosmos et l'apparition de la conscience…

Nous pouvons également envisager un tout autre scénario. Il n'est pas évident qu'une théorie unifiée, si elle existe, doive nécessairement imposer aux lois du cosmos des valeurs fixes et uniques. Je décrirai en page 101 les épisodes, appelés « transitions de phase », qui ont établi ces valeurs aux tout premiers temps du cosmos. En d'autres (et hypothétiques) univers les valeurs auraient pu être différentes.

De ces considérations est né un scénario très populaire aujourd'hui : celui du « multivers ». Imaginons l'existence d'un grand ensemble d'univers dans lesquels les épisodes, générateurs des propriétés des forces et des particules, aient accouché de valeurs distinctes. Tous les univers qui n'auraient pas bénéficié de nos coïncidences seraient restés stériles et personne à bord ne pourrait en parler. Si nous nous posons des questions, c'est que tout banalement notre univers est l'un de ceux qui possèdent ces propriétés.

Ce scénario ne me paraît pas très satisfaisant[30]. Tant que nous n'aurons pas quelques preuves, directes ou indirectes, de l'existence de ces univers, nous demeurerons en pleine science-fiction.

Il vaut mieux rester dans un état d'interrogation, aussi inconfortable soit-il, que d'accepter des pseudo-réponses.

En nous dissuadant de poursuivre notre recherche, celles-ci risquent de nous priver des richesses auxquelles la question pourrait nous faire accéder. Nous reprendrons ces thèmes passionnants dans les derniers chapitres de ce livre.

Énergies

Les bûches enflammées se consument et deviennent cendres et fumées. Les philosophes grecs demandaient : y a-t-il, au cours de cette transformation, quelque chose d'inchangé ? Oui, répond la physique moderne : la quantité d'énergie.

Notre univers regorge d'énergie. Celle-ci se présente sous plusieurs aspects. Tous les phénomènes naturels impliquent des transformations d'une forme d'énergie en une autre. Les quatre forces sont les agents qui provoquent ces événements. Mais la somme de ces énergies reste constante.

Décrivons le vol de la mouette huîtrière *(page 74)* en termes énergétiques. En montant dans le ciel, la mouette transforme de l'énergie chimique (électromagnétique) extraite de sa nourriture en énergie de gravitation. La chute de l'huître transforme cette énergie de gravitation en énergie cinétique. Au contact avec le sol, l'énergie cinétique se change en énergie mécanique (la coquille se casse) et en énergie thermique (les galets se réchauffent un peu). En mangeant l'huître, la mouette extrait l'énergie chimique de sa chair. Elle peut ainsi reprendre le manège.

Une étoile brille dans la nuit sombre. D'où provient l'énergie lumineuse ? Elle l'extrait de sa propre substance. Selon la leçon du maître Albert Einstein, la masse est une forme d'énergie. Les masses de protons et d'électrons de la nébuleuse protosolaire (environ 10^{57} particules) constituent le réservoir énergétique dont l'étoile dispose à sa naissance. Tout au long de son existence, l'activité des forces transforme une fraction de ce carburant en chaleur et en lumière.

Toujours sous l'angle des forces et de l'énergétique, reprenons l'histoire d'une étoile à son début. Sous l'effet de sa propre gravité, une nébuleuse s'effondre lentement. Sa contraction entraîne une légère diminution de sa masse, qui se change d'abord en énergie de gravité, puis en énergie lumineuse et en chaleur. Quand la température atteint la dizaine de millions de degrés, la force nucléaire s'éveille. Elle transforme l'énergie de masse des particules en énergie nucléaire. La masse de quatre protons (noyaux d'hydrogène) est supérieure à celle du noyau d'hélium dans lequel ceux-ci sont transmutés. La différence de masse devient de l'énergie lumineuse. Telle est la situation pour notre Soleil, Véga, Sirius et bien d'autres étoiles de notre ciel nocturne.

Quand l'hydrogène du cœur stellaire s'épuise, les noyaux d'hélium, cendres de cette combustion, deviennent à leur tour des combustibles. La force nucléaire les combine en carbone et en oxygène. Une nouvelle fraction de la masse stellaire se dégage en rayonnement rouge. Antarès dans la constellation du Scorpion, Bételgeuse dans la constellation d'Orion, en sont des exemples. Plus tard carbone et oxygène s'associeront pour former magnésium et silicium, diminuant encore la masse de l'étoile. Et ainsi jusqu'à la formation de l'atome de fer. La fraction de masse dégagée par l'ensemble de ces réactions reste faible ; environ 1 % de la masse initiale. Pourtant elle suffit à assurer l'éclat de l'astre tout au long de son existence.

À sa naissance l'étoile émet son énergie lumineuse sous forme de photons. Tout au long du réchauffement, un autre phénomène prend une importance grandissante : l'émission de neutrinos. Dans le Soleil, ils transportent environ 4 % de l'énergie stellaire. À chaque seconde plusieurs milliards de neutrinos traversent notre corps, nous ignorent superbement et ne provoquent jamais de « coups de soleil neutrinique ».

Pendant les phases ultérieures de la vie stellaire (géantes rouges, supergéantes rouges), le flux de neutrinos devient plus intense que le flux de photons. Chez Antarès les neutrinos évacuent dans l'espace la majeure partie de l'énergie libérée par les réactions nucléaires. Pendant leur dernière phase, les étoiles sont essentiellement des sources de neutrinos. Malgré sa faiblesse, la force faible[31] contrôle alors largement l'évolution de l'étoile.

L'effondrement final d'une étoile massive libère une gigantesque quantité d'énergie gravitationnelle. Elle se transmute en énergie électromagnétique, faible et cinétique. Peu après, l'étoile explose (supernova) et rejette dans l'espace ses couches supérieures. L'importance capitale des neutrinos dans ce phénomène a été décrite en page 90.

Les étoiles les plus massives implosent en trous noirs. L'énergie de masse est alors entièrement transformée en gravitation, dont la lumière reste à jamais prisonnière.

La qualité de l'énergie

Les énergies ne sont pas toutes de même « qualité ». Deux exemples nous serviront à illustrer cette notion. Le premier manque de rigueur. Je le présente pour son aspect pittoresque et sa qualité pédagogique. Le second est sans problème.

Petite scène de la vie à la ferme. Dans une écurie, des chevaux mangent du foin. À leurs pieds, les moineaux s'affairent à trouver leur nourriture dans le crottin. Des insectes s'agitent autour des crottes d'oiseaux.

Analysons ces événements avec l'œil du physicien. Les atomes qui entrent et qui sortent du cheval sont (pratiquement) les mêmes. Mais leur état s'est dégradé. Pour le cheval, la qualité énergétique du foin est supérieure à celle du crottin. La digestion lui permet d'en faire son profit. Des substances inutilisables pour le cheval ne le sont pas pour l'oiseau et ainsi pour l'insecte.

Le défaut de cet exemple est de faire du cheval, de l'oiseau et de l'insecte les références de la qualité de l'énergie. Le second exemple ne souffre pas de ce travers. L'eau qui descend les pentes des montagnes (énergie gravitationnelle) actionne les turbines de la centrale électrique (énergie cinétique) et engendre des courants électriques (énergie électromagnétique). Par le frottement certaines pièces mécaniques se réchauffent (énergie thermique). Cette chaleur se dissipe

Pépinière d'étoiles. *Dans ces grandes nébuleuses interstellaires, de nombreuses étoiles sont en train de naître. Le grand « pilier » mesure près d'une année-lumière.*

dans l'espace sous forme de rayonnement infrarouge. Elle est perdue pour la centrale. Elle représente en quelque sorte le déchet de l'opération[32].

On utilise le mot entropie[33] pour décrire la qualité d'une énergie. À une énergie de haute qualité correspond une faible entropie et inversement. Les phénomènes naturels s'accompagnent d'une dégradation de la qualité de l'énergie, c'est-à-dire d'une augmentation de l'entropie.

Quelles sont les « meilleures énergies » ? L'énergie associée à la masse occupe la première place au palmarès de la qualité. À l'échelle astronomique, c'est la force de gravité qui se charge de la mettre à profit ; la lente contraction des étoiles en est un exemple. À l'échelle atomique et moléculaire, c'est la force électromagnétique. À l'échelle des noyaux, c'est la force nucléaire. Les phases successives de l'évolution stellaire ont illustré la transformation progressive de cette énergie en rayonnements photonique et neutrinique, en chaleur et en mouvement[34].

Restaurer la qualité de l'énergie

Si les phénomènes naturels dégradent les énergies, comment expliquer que la matière n'a pas atteint son état le plus entropique, celui où son énergie est complètement inutilisable ? Retournons dans notre ferme où se nourrissent chevaux, oiseaux et insectes. Le paysan ramasse les déjections et les disperse dans son champ. Cet engrais favorise la germination des semences. L'an prochain les atomes du fumier, transformés en foin, nourriront à nouveau tous ces animaux. Miracle ? non. C'est le Soleil qui est responsable. Sans lui rien ne pousse. Sa lumière permet aux déjections de se restaurer en qualité d'énergie, c'est-à-dire de diminuer leur entropie. La photosynthèse fabrique des molécules de sucre riches en énergie de haute qualité.

Les plantes pourtant ne mettent à leur profit qu'une faible fraction de l'énergie solaire absorbée. La grande majorité des photons recueillis par le feuillage est dissipée en chaleur. Il faut dégrader une grande quantité d'énergie de haute qualité pour « regrader » une petite quantité d'énergie de basse qualité.

Pour des raisons analogues, le périple de l'eau de pluie dévalant les montagnes ne se termine pas dans la mer. Toujours grâce à la lumière solaire, cette eau s'évapore et forme des nuages. Il pleuvra à nouveau sur la montagne[35].

Le Soleil n'échappe pas aux lois de la nature. Il est soumis à la dégradation de son énergie. Sa lumière, obtenue par la combinaison de son hydrogène en hélium, entraîne une diminution de sa masse. Il consomme ainsi une énergie massique issue de la nébuleuse protosolaire. La « regradation » des déjections se fait *au prix* de la dégradation de l'énergie solaire. Une fraction infime de cette énergie est utilisée par les structures complexes. La très grande majorité se perd dans l'espace. Elle augmente l'entropie du cosmos. Cette lumière inutilisée ainsi que les cadavres stellaires (naines blanches, étoiles à neutrons et trous noirs) sont les déchets de l'évolution stellaire.

L'expansion sauve la mise

Les animaux ne peuvent pas vivre sans respirer, manger, boire et rejeter des déchets. La chaleur dégagée par ces opérations est la forme d'énergie la plus dégradée des phénomènes vitaux. Elle se présente sous l'aspect d'un rayonnement infrarouge qui se propage dans l'atmosphère pour se disperser ensuite dans la galaxie et dans l'Univers tout entier. Elle accroît, elle aussi, l'entropie du cosmos.

Mais de l'Univers dans son ensemble, que pouvons-nous dire ? Comment pourrait-il compenser la dégradation de son énergie ? Est-il pour autant condamné, à long terme, à une entropie maximale, nommée « mort thermique » ? Un univers stationnaire, forcément éternel, serait irrémédiablement dans cet état.

La relative jeunesse de l'Univers (15 milliards d'années…) rend compte du fait que toutes les énergies ne sont pas complètement dégradées. Elles n'en ont pas encore eu le temps. Le seront-elles un jour ? Point important : chaque année, de nouvelles galaxies nous deviennent visibles, qui ne l'étaient pas auparavant. Tant que se poursuivra l'expansion, aucune mort thermique ne se profile à l'horizon du futur[36].

La transformation de masse en rayonnement projette dans l'espace extragalactique une quantité toujours croissante de chaleur (déchet de l'évolution cosmique). Celle-ci risquerait d'augmenter la température du milieu intergalactique, au point de volatiliser galaxies, étoiles et planètes. Mais l'expansion intervient à nouveau. En dilatant l'espace entre les galaxies, elle crée une « poubelle » sans cesse plus grande, où les déchets s'étalent. Loin de s'échauffer, l'Univers se refroidit lentement...

Naissance des forces

Nous poursuivons notre remontée du temps. Nous retraçons l'histoire de la complexité cosmique pour en identifier les ferments. La physique et l'astronomie nous servent de guides et en particulier la théorie du big bang dans sa version la plus généralement admise. Mais jusqu'à quel point ces guides sont-ils crédibles et fiables ?

Plus on recule dans le temps, plus l'Univers est chaud, plus grandes sont les énergies des particules et plus violentes sont leurs collisions. Ces phénomènes s'étudient en laboratoire au moyen des accélérateurs. Les énergies accessibles correspondent à des températures de centaines de milliards de degrés. Les résultats obtenus nous permettent ainsi de remonter, avec une relative sécurité, jusqu'à la première seconde de l'Univers.

À cette époque, la matière se présente sous la forme de cette immense et torride purée constituée d'une grande variété de particules élémentaires *(page 15)*. Vers 10 milliards de degrés, les premiers noyaux atomiques se forment sous l'influence de la force nucléaire, tandis que vers 3 000 degrés la formation des premiers atomes d'hydrogène s'accompagne de l'émission du rayonnement fossile.

Les forces, leurs caractéristiques, l'histoire de leur découverte et leur rôle dans la croissance de la complexité ont été décrits au début de ce chapitre. Mais d'où viennent-elles ? Et les particules qu'elles associent ont-elles une histoire ? Depuis plusieurs années, les physiciens cherchent à élucider ces questions. Les idées ne manquent pas. Pourtant un mot de prudence s'impose. Les plus grands accélérateurs de particules (CERN, Chicago, Stanford) atteignent des énergies d'environ un million de millions d'électronvolts (10^{12}), équivalentes à 10^{16} degrés. Mais les réponses à nos questions impliquent vraisemblablement des températures beaucoup plus élevées. Quand les accélérateurs correspondants pourront-ils être construits ?

Pourtant nous ne sommes pas sans ressources. S'appuyant sur des données théoriques, la physique nous permet de nous aventurer dans le domaine des très hautes températures. Nous pouvons aborder, mais avec une grande prudence, le problème de l'origine des forces et des particules de la nature. Nous rappelant toutefois que, sans l'appui des expériences de laboratoire, les théories échafaudées restent spéculatives.

Selon un schéma aujourd'hui populaire, à la température de 10^{32} degrés – dite température de Planck –, les forces et les particules telles que nous les connaissons n'existaient pas. La matière se présentait sous la forme de « supercordes ». Ces « entités vibrantes » – semblables à des cordes de violon – auraient par la suite donné naissance aux quatre forces de la physique ainsi qu'à la panoplie des particules élémentaires de notre monde froid. Ces métamorphoses se seraient effectuées par une succession d'épisodes tout au long des premières fractions de seconde de l'histoire du cosmos. Ces épisodes portent le nom de transitions de phase.

Perte de symétrie et transitions de phase

Pour suivre les péripéties de cette histoire, il faut maintenant nous familiariser avec deux notions importantes : « perte de symétrie » et « transitions de phase », que nous illustrerons avec des exemples.

Crayon sur sa pointe. *Le crayon mis en équilibre sur sa pointe est « obligé » de choisir une direction de chute parmi l'ensemble des directions possibles.*

On pose délicatement un crayon sur sa pointe et on le lâche. Il tombe et gît maintenant à l'horizontale. Sur la table il pointe dans une certaine direction. Avant la chute, toutes les directions lui étaient, en principe, accessibles. Dans le jargon des physiciens il se trouvait alors dans un « état de symétrie » autour d'un axe vertical – terminologie savante pour dire la même chose. Après la chute, il a « perdu cette symétrie ». La direction choisie est singularisée par rapport aux autres : elle décrit l'état du crayon tombé. Toujours selon ce jargon, on dit qu'elle s'est « différenciée » des autres. Pédantisme que cette terminologie compliquée pour dire des choses simples ? Non : cette notion de « différenciation » va jouer un rôle capital dans notre histoire. Nous l'utiliserons à plusieurs reprises pour illustrer l'origine des forces et des particules.

Parlons maintenant de transition de phase. À haute température, l'eau se présente sous la forme d'un gaz de molécules en agitation désordonnée. Refroidie en dessous de 100 degrés Celsius, elle change de « phase » et devient liquide. Puis, sous zéro degré Celsius, elle se solidifie en glace. Elle a subi successivement deux transitions de phase.

Plaçons un verre d'eau liquide au centre d'une table ronde. Comme le crayon sur sa pointe, l'ensemble est symétrique autour de la verticale. Mettons le tout au froid. En gelant, les molécules d'eau se disposent en cristaux. Comme le crayon tombé, ces cristaux ont une orientation bien définie dans l'espace. L'eau solide n'a pas la symétrie de l'eau liquide. Comme la chute du crayon, le gel a entraîné une perte de symétrie.

Ici nous abordons un passage un peu difficile. Les directions choisies par le crayon et les cristaux se situent dans l'espace réel, celui où nous nous déplaçons. Pour décrire l'origine des forces il nous faut imaginer un nouvel « espace ». Aux premiers temps de l'Univers, une force « primordiale « s'exerçait uniformément sur des particules toutes équivalentes. En analogie avec le crayon sur sa pointe dans l'espace réel, on identifie cette uniformité à une situation de symétrie localisée, cette fois, dans notre nouvel espace. Lors d'une transition de phase la symétrie initiale est brisée, les particules et les interactions qui agissent sur elles se différencient et prennent des comportements spécifiques. Le crayon est tombé dans une direction précise et l'Univers a perdu son état de symétrie initiale. Voilà, le pire est passé !

Avant la première seconde de l'histoire du cosmos, une succession de transitions de phase, accompagnées de pertes de symétrie, ont octroyé aux particules et aux forces les propriétés que nous leur connaissons aujourd'hui.

Un épisode particulièrement important se situe à la température critique de 10^{28} degrés quand l'Univers a quelque 10^{-35} seconde d'âge. La force nucléaire se différencie alors des autres forces et prend progressivement sa puissante intensité. Cette différenciation, dite « de grande unification »[37], provoque une division des particules en deux classes : d'une part, les quarks, sensibles à la force nucléaire, d'autre part, les électrons et les neutrinos, qui lui sont insensibles.

Vers 10^{15} degrés, lors d'une nouvelle transition de phase, dite électrofaible, la force faible se distingue de la force électromagnétique. Les électrons, sensibles aux deux forces, se différencient alors des neutrinos, qui ne réagissent qu'à la force faible. Quant à la force de gravité, sa différenciation remonte peut-être à l'époque de Planck. On ne sait pas bien.

Vers 10^{12} degrés, une troisième transition de phase associe les quarks, trois par trois, pour donner naissance aux nucléons (protons et neutrons). Au-dessus de cette température, les quarks nagent librement dans l'espace, comme les molécules dans l'eau liquide ; en dessous, ils sont assignés à demeure dans un nucléon, comme les molécules dans la glace.

Ces derniers paragraphes sont difficiles. Résumons-les en quelques mots. Grâce aux transitions de phase, les forces et les particules émergent tour à tour de l'état indifférencié des tout premiers temps. Elles prennent progressivement leur individualité et leur spécificité. L'Univers émerge de son état chaotique ; la matière accède à la diversité.

Acquérir de la masse

Les étoiles, nous le savons, sont constituées de particules massives (protons, neutrons, électrons). Leur lumière provient de la transformation d'une fraction de leur masse en énergie *(page 94)*. Mais comment la masse est-elle venue aux particules ? Elle résulte des transformations de phases décrites dans la section précédente.

La masse des quarks, des électrons et des neutrinos apparaît vraisemblablement au moment de la transition électrofaible (10^{15} degrés). En associant les quarks en nucléons, la transition à 10^{12} degrés fixe la masse des protons et des neutrons. Sans ces transitions toutes les particules du cosmos seraient restées sans masse, aucune étoile ne brillerait au ciel et l'Univers serait stérile.

La défaite de l'antimatière

Selon Hésiode, l'histoire du monde commence par une terrible guerre entre les dieux et les cruels Titans. Lors d'une spectaculaire hécatombe finale, ces derniers sont terrassés.

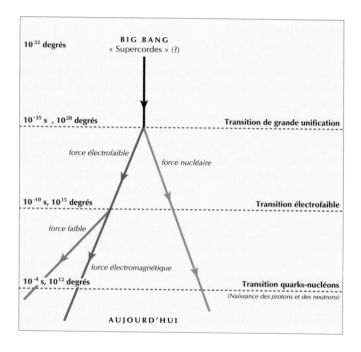

Origine des forces. *Au cours du refroidissement de l'Univers, les forces naturelles se dissocient d'une hypothétique force primitive. La force nucléaire apparaît vers 10^{28} degrés (10^{-35} s), tandis que la force électromagnétique et la force faible ne se différencient que vers 10^{15} degrés (10^{-10} s). À cette occasion, les particules élémentaires acquièrent leurs masses respectives. Vers 10^{12} degrés (10^{-4} s) naissent les protons et les neutrons. Le temps se déroule de haut en bas.*

Les hommes peuvent venir au monde. De notre point de vue humain, les Titans sont les « vilains » et tout est bien.

Avec un peu d'imagination, on peut lire dans la cosmologie contemporaine une histoire assez semblable. L'Univers primordial est peuplé de matière (bonne puisque nous en sommes composés…) et d'antimatière (vilaine parce qu'elle peut tout annihiler). Cette antimatière est éliminée peu avant la première seconde, et l'élaboration de la complexité peut commencer. Mais d'abord quelques mots de rappel sur l'antimatière.

Dans la nature, à chaque particule correspond une antiparticule. En parallèle avec l'électron négatif existe un antiélectron positif. Il y a les protons et les antiprotons, les neutrons et les antineutrons, les neutrinos et les antineutrinos, etc. Les antiparticules ne sont pas des êtres purement théoriques ; les grands accélérateurs en fabriquent par milliards. Quand une particule rencontre son antiparticule, les deux s'annihilent, se métamorphosant en rayonnements. Leurs masses sont transformées en énergie lumineuse.

L'antimatière est presque totalement absente de l'Univers contemporain. Telle n'était pas la situation au tout début ; la population de matière était exactement égale à celle de l'antimatière. Si cette situation avait perduré, la masse cosmique se serait progressivement transformée en lumière. Notre Univers vide n'abriterait ni galaxies ni étoiles.

C'est encore à une transition de phase que nous devons notre existence (vraisemblablement la transition électrofaible). Brisant la symétrie initiale[38], elle a engendré un minuscule surplus de matière par rapport à l'antimatière. Les deux populations ont coexisté dans cet état de faible inégalité pendant une fraction de seconde, puis se sont annihilées deux par deux. Tout y passe, sauf ce providentiel surplus de matière qui n'a pas trouvé de partenaire d'antimatière pour disparaître. De ce surplus naîtront les premiers protons et neutrons, qui, plus tard, formeront les atomes à l'intérieur des étoiles et les molécules à la surface des planètes. Comme la chute des Titans d'après Hésiode[39], notre existence selon cette théorie exigeait l'extermination antérieure de l'antimatière.

Ajoutons que dans un univers statique (sans expansion) ce surplus salvateur n'aurait jamais pu se former. L'expansion, toujours l'expansion...

Le proton est-il stable ?

Cette transition de phase nous amène à de nouvelles considérations passionnantes sur le lien entre les phénomènes atomiques et le vol des oies blanches. Elles font intervenir la question de la stabilité du proton.

Dans la nature de nombreuses variétés de particules sont instables. Après une certaine période elles se désintègrent. Leur durée moyenne[40] peut être excessivement courte (une infime fraction de seconde) ou au contraire s'étendre sur des milliards d'années. Le neutron ne vit guère plus d'une quinzaine de minutes avant de se transformer en proton. Mais qu'en est-il du proton, noyau de l'atome d'hydrogène ? Est-il vraiment stable (éternel) ou son existence est-elle limitée dans le temps ?

Sa durée moyenne dépasse certainement l'âge de l'Univers (15 milliards d'années), sinon il n'y aurait plus guère d'atomes ! Et si elle était inférieure à un milliard de milliards d'années (10^{18} ans), les désintégrations des protons de notre corps nous rendraient hautement radioactifs. Des expériences de laboratoire nous indiquent que sa durée moyenne dépasse certainement les 100 milliards de milliards de milliards d'années (10^{29} ans), sans que nous la connaissions vraiment. Peut-on supposer qu'il est éternel (stable) ?

Eh non ! Le supposer aurait une conséquence catastrophique. L'addition, par une transition de phase, d'un supplément de matière par rapport à l'antimatière n'aurait pas pu se produire. L'Univers serait resté symétrique. L'hécatombe matière-antimatière des premiers instants du monde n'aurait pas vu de survivant et l'Univers serait de lumière[41].

Le vol des oies sauvages au-dessus de ma tête nous dit que le proton perdure très longtemps mais pas indéfiniment ! Nous retrouvons à nouveau ce dialogue entre les deux « infinis » de Pascal, source de l'échelle de complexité.

4 Jouer

Qu'est-ce qui fait que la matière s'est organisée plutôt que de rester dans son magma chaotique primordial ? Cette question forme la trame de ce livre. Nous en abordons ici un autre aspect. La nature « sait » jouer et elle joue très bien !

Le chapitre précédent nous a parlé des forces et des énergies régies par les lois de la physique. Ces lois ne contrôlent pas complètement et inexorablement le comportement de la matière. Elles organisent le monde mais laissent le champ libre à d'innombrables réalisations différentes d'un thème donné. Il y a plusieurs dizaines de milliers de variétés de papillons. Tous différents, ils transportent le pollen des fleurs. Nous sommes 6 milliards d'êtres humains (10 milliards dans un siècle, nous annoncent les démographes), chacun avec sa personnalité, sa sensibilité et sa culture. Pourtant nous obéissons tous aux lois naturelles (pas toujours aux lois civiques…).

Maintenant nous abordons la contribution d'éléments plus ludiques tels que le hasard et les « sursis », qui assurent la créativité du monde. Ce chapitre nous conduit sur les aires de jeu de la nature. Nous serons amenés à délimiter les zones où les éléments de « convergence » (expression de la législation) et de contingence (expression du jeu) se côtoient pour assurer la diversité des êtres, une caractéristique essentielle de la complexité *(page 29)*. Cette association fertile se manifestera particulièrement bien dans le domaine de l'information.

Peut-on prévoir l'avenir ?

À l'affirmation d'Albert Einstein : « Dieu ne joue pas aux dés » on peut opposer celle de Stéphane Mallarmé : « Jamais un coup de dé n'abolira le hasard. » Curieusement la physique moderne prend ici le parti du poète contre le scientifique. Le hasard si décrié et pendant longtemps si vigoureusement nié renaît aujourd'hui de ses cendres comme un phœnix bienfaisant. Il entre de plein droit dans le cénacle de la science. Il procure à l'évolution cosmique sa diversité et son imprévisibilité. Tout ce qui fait son charme.

L'avenir est ce continent mystérieux devant nous, où tout est possible, le meilleur comme le pire. Prévoir a toujours fasciné les humains. Prophètes et devins sont très écoutés.

Les progrès de l'astronomie aux XVIIe et XVIIIe siècles ont ouvert de larges voies dans ce domaine encore vierge. Galilée observe les corps en mouvement et montre qu'ils obéissent à des formules mathématiques simples. Après Pythagore, il clame l'importance des chiffres dans la description de la nature. Les équations de Newton relient le présent des astres à leur futur. La comète de Halley reviendra en 2060. L'astronome, comme Tintin dans *Le Temple du Soleil,* se sent dans la peau d'un prophète.

Les succès fulgurants de la mécanique céleste accréditent l'idée d'un déterminisme de la nature et posent des questions fascinantes. Jusqu'où explorerons-nous le continent de l'avenir ? Pourrons-nous le cartographier dans ses moindres détails ? n'en laisser aucune surface dans l'ombre ? Si oui, rien de *nouveau* ne peut jamais arriver. « *Mekhtoub* », dit la tradition arabe (« c'était écrit »). « Le futur est une illusion tenace », affirmait Einstein, condamnant par ces mots l'Univers à l'ennui et à la monotonie.

Trois bémols

À cette euphorie prédictive la physique du XXe siècle a mis trois bémols. Chacune à leur façon la théorie quantique, la théorie du chaos déterministe et l'expansion de l'Univers vont limiter sérieusement la puissance prophétique du physicien.

À chaque cause correspond un effet et un seul, affirmait la physique classique. Non, pas un, mais une brochette d'effets possibles, répond la physique quantique, et il est impossible de prévoir lequel se produira. Seules les probabilités de chacun des événements nous sont connaissables. Le choix définitif est laissé au hasard. En d'autres mots : on peut prévoir tout ce qui pourrait se passer mais non pas ce qui précisément va se passer. Pour le prophète ce repli est d'importance.

L'amplification chaotique

Les théories du chaos déterministe ont pris ces dernières décennies une grande importance. De nombreuses branches de la recherche y ont trouvé de nouveaux éclairages sur des problèmes particulièrement réfractaires aux techniques habituelles.

Abordant l'analyse de mouvements plus compliqués que ceux des pendules ou des planètes, les physiciens ont mis au jour une difficulté insoupçonnée[42]. La connaissance du présent ne suffit pas à rendre l'avenir indéfiniment transparent. Il faut tenir compte des effets d'*amplification*. Des facteurs infimes s'amplifient progressivement jusqu'à dominer le cours des événements. Après une certaine période se situe l'« horizon prédictif » au-delà duquel l'avenir devient imprévisible.

Loin d'être exceptionnel, ce genre de comportement se retrouve dans la quasi-totalité des problèmes concrets de la réalité[43]. La météorologie nous en offre l'exemple le plus familier. Les prévisions dans ce domaine n'ont aucune valeur au-delà de 15 jours. Le papillon de Lorentz qui s'envole à Tokyo rend totalement imprévisible l'état de l'atmosphère au-dessus de Paris l'année suivante.

La régularité des orbites planétaires avait été pour les « savants » à la fois une aubaine et un piège. Une aubaine parce qu'elle leur a permis de découvrir la loi de la gravité ; un piège parce qu'ils n'ont pas hésité à extrapoler cette régularité à l'ensemble des phénomènes naturels. En fait, même les mouvements des grosses planètes ont leur horizon prédictif. Selon Jacques Laskar, l'un des pionniers des calculs d'orbites chaotiques, Mercure pourrait rencontrer Vénus en moins de 5 milliards d'années, et l'axe de rotation de Mars est susceptible d'osciller entre 0 et 60 degrés[44]. Mais, à notre échelle de temps, les déformations orbitales observées sont si faibles qu'elles ont largement échappé aux mécaniciens du ciel.

L'évolution des systèmes inertes et des organismes vivants s'étend sur une échelle de milliards d'années. Le mouvement d'un papillon sur la galaxie d'Andromède pourrait influencer le cours des phénomènes terrestres 2 millions d'années plus tard. « Le chaos, écrit le physicien Joseph Ford[45], c'est le mouvement libéré de l'ordre et de la prédicabilité. C'est la variété, le choix, la corne d'abondance des occasions à saisir. »

L'expansion

L'interaction entre deux corps distants ne peut pas être instantanée, nous a enseigné Einstein. Il y a toujours un délai, au moins équivalent au temps que met la lumière à parcourir cette distance. L'explosion de la supernova apparue à nos yeux dans le Grand Nuage de Magellan le matin du 23 février 1987 a eu lieu, en fait, 169 000 ans auparavant : ce nuage est à 169 000 années-lumière de la Terre !

L'horizon cosmique – au-delà duquel rien ne peut nous parvenir – se situe à quelque 15 milliards d'années-lumière. Chaque année il s'éloigne d'une année-lumière et de nouvelles galaxies nous deviennent visibles.

Rappelons maintenant le message des théories du chaos : à long terme, les phénomènes les plus minimes (un papillon dans la galaxie d'Andromède…) peuvent avoir une influence capitale sur l'évolution d'une situation physique. L'estimation des états du monde dans cent ans impliquerait la connaissance de l'ensemble des phénomènes observables aujourd'hui ainsi que de tout ceux qui le deviendront au long des cent prochaines années. Ces éléments à venir forcément nous échappent. Même avec les meilleurs ordinateurs nous ne pourrons prévoir strictement que… le présent !

Que peut-on voir dans la boule de cristal ?

Au Japon les tremblements de terre sont fréquents et violents. Des géophysiciens analysent la distribution et l'évolution des tensions rocheuses le long des failles géologiques, dans l'espoir de prévoir les cataclysmes et de pouvoir prévenir les populations. La récente catastrophe de Kobe, totalement imprévue, a jeté une douche froide sur ces espoirs. La sismologie nous indique les régions telluriques les plus sensibles aux secousses violentes et elle peut en évaluer la fréquence moyenne. Pourtant elle est incapable de prédire le lieu et l'heure du prochain tremblement de terre.

Cet exemple illustre les aptitudes et les limites de la science à prévoir le futur. Des affirmations générales lui sont possibles mais les cas particuliers lui échappent largement. Une petite fable nous permettra d'illustrer ce point. Imaginons que, grâce à quelque bonne fée, un physicien puisse remonter le temps pour observer indemne les débuts du monde. Connaissant les lois de la physique, qu'aurait-il pu prévoir de l'évolution du cosmos ? « L'Univers va se refroidir, se raréfier, et la nuit deviendra de plus en plus noire, aurait-il dit sans hésiter. La purée homogène va se fragmenter en galaxies et en étoiles. Des atomes se formeront au cœur de ces astres. Des cortèges planétaires les entoureront. »

Ces prédictions, notons-le, portent sur des comportements moyens et non pas sur des événements précis. Il se formera des étoiles mais pas nécessairement le Soleil. La séquence exacte des événements stellaires qui ont provoqué l'effondrement de la nébuleuse protosolaire et la formation de notre étoile relève de la contingence et de l'aléatoire. Des planètes se formeront mais pas nécessairement la Terre. Il y aura des collisions planétaires mais pas forcément celle qui crée la Lune, celle qui désaligne les pôles ou celle qui tue les dinosaures [46].

Bassins d'attraction

Dans un port, des navires arrivent de partout. Sitôt l'accostage achevé, les matelots assoiffés errent dans la ville, à la recherche des tavernes. Nous les retrouvons au bar devant un verre de whisky. Ces tavernes sont en quelque sorte des « attracteurs », appelés aussi « bassins d'attraction », vers lesquels la soif fera « converger » les pas des matelots, quelles que soient leurs origines. Si, renonçant à prévoir les trajets précis de chacun de ces marins en goguette, nous nous contentons de la prédiction qualitative : « ils iront au bar », nous avons toutes les chances d'avoir raison.

D'une façon analogue les théories du chaos, tout en nous faisant perdre espoir de prédire exactement l'avenir, nous présentent, en échange, un nouveau mode d'investigation du futur. Au cours du temps, un système évolue (converge) vers une configuration stable et prévisible (bassin d'attraction) indépendamment de son état initial. Le comportement de l'eau qui bout nous en donnera bientôt une bonne illustration.

Démocrite l'astucieux

« Tout arrive par hasard et par nécessité », écrivit le philosophe grec Démocrite. Il ne pouvait pas mieux dire. En langage moderne la « nécessité » s'appelle « lois de la physique ». Elles forment la trame sur laquelle les forces vont progressivement organiser la matière. Sans elles, l'Univers n'aurait jamais quitté l'état indifférencié de son magma initial.

Pourtant, si ces lois touchaient jusqu'au moindre détail des phénomènes naturels, si leur empire étendait son contrôle déterministe sur tout ce qui se passe, aucune diversité n'existerait dans le monde. Le cosmos ne serait qu'une éternelle répétition du même, une morne et ennuyeuse monotonie. Rien de nouveau n'arriverait jamais, ni à l'est ni à l'ouest. La complexité serait absente. À l'inverse, si le hasard régnait en maître, si aucune loi ne structurait l'élaboration de la matière, le cosmos se présenterait comme un immense et indescriptible fouillis, tout aussi peu digne de l'appellation « complexe ».

C'est par un dosage subtil de nécessité et de hasard que la nature manifeste son inventivité. Les lois structurent le cosmos, elles règnent sur le comportement moyen de la matière, mais leur juridiction ne s'étend pas jusqu'à l'achèvement des phénomènes. Grâce au hasard et à l'expansion de l'Univers, la variété des systèmes complexes peut s'enrichir sans limite.

Sursis et variété

> Plus efficaces que le coup de dé
> de Stéphane Mallarmé, les équilibres
> abolissent les effets du hasard.

Il pleut sur la montagne. Les filets d'eau dévalent les pentes et glissent parmi les rochers et la verdure. Plus bas, ils se rejoignent en ruisseaux chantonnants. Plus loin encore, gonflés par d'autres eaux, ils se précipitent en cascades tumultueuses vers les rivières. La jonction de ces cours d'eau donne naissance aux grands fleuves qui descendent lentement vers la mer.

Le voyage de la goutte d'eau vers l'océan peut durer longtemps. Des lacs de montagne interrompent parfois son parcours. Mais pas pour toujours. L'érosion lentement en efface les contours, et l'eau reprend son inexorable voyage vers le bas. Dans sa descente, l'eau emprunte mille chemins différents. Après la pluie, la colline se couvre d'un entrelacs de ruisseaux, de torrents, de rivières et de lacs tranquilles. La variété des dessins aquatiques se manifeste pendant cet état transitoire où l'eau n'a pas encore atteint son état de stabilité océanique. En bas, cette variété se dissout dans la grande face lisse de l'océan.

Comme l'eau qui cherche à descendre des montagnes, les réactions entre les particules du cosmos tendent à favoriser les structures les plus stables[47]. Pourtant, si cette tendance s'était poursuivie jusqu'à ses limites, toute variété serait disparue de l'Univers.

La diversité des espèces atomiques dans notre Univers (la centaine d'éléments de la table de Mendeleïev) résulte de l'activité de la force nucléaire sur les particules élémentaires de la purée primordiale. Comme l'eau qui a rejoint la mer, le fer en est l'état le plus stable. Si l'évolution de la matière cosmique avait été entièrement dominée par la quête de stabilité nucléaire, notre monde ne contiendrait aujourd'hui que des atomes de ce métal. À la monotonie initiale des particules élémentaires aurait succédé la monotonie du fer. La variété du paysage atomique du cosmos nous montre que (heureusement…) cette situation n'a pas été réalisée. Pourquoi ?

Remontons une fois de plus jusqu'à la première seconde du cosmos. La température est de plusieurs dizaines de milliards de degrés. La matière cosmique se présente sous la forme d'une soupe de protons et de neutrons libres. Aucun noyau lourd n'existe encore. Quand la température atteint 10 milliards de degrés, une transformation majeure se produit, appelée « nucléosynthèse primordiale ». Protons et neutrons se joignent (rencontres créatrices !) pour donner un début de variété nucléaire. Quatre noyaux se forment : de l'hydrogène lourd (deutérium), deux variétés d'hélium et une variété de lithium. Mais rien d'autre. La grande majorité des protons (75 %) n'est pas affectée. Ces particules demeurent comme dans un état de « sursis » grâce auquel nous avons des étoiles d'hydrogène.

Les phénomènes nucléaires par lesquels une étoile transforme une fraction de sa masse en lumière ont été décrits auparavant. Les protons survivants de la nucléosynthèse primordiale constituent le carburant des astres. Si tous les protons et neutrons primordiaux avaient été transmutés en fer pendant cette première seconde du cosmos, la vie n'aurait jamais pu apparaître. Qu'est-ce qui nous a permis d'échapper à ce funeste destin ? Réponse dans les pages à venir.

Fleurs de givre

> Ma vitre est un jardin de givre.
> Émile NELLIGAN

Une image me revient des petits matins d'hiver au Québec. Dans la pâle lueur du soleil levant, les dessins enchevêtrés des arabesques glacées sur les fenêtres prennent des teintes irisées de bleu, de mauve et de rose. Au contact de la vitre froide, l'air humide se dépose et s'étale en de multiples arborescences entrecroisées. Je ne me suis jamais lassé d'observer l'épanouissement de cette floraison givrée.

Au réfrigérateur l'eau se transforme en cubes de glace. Dans les casiers, les molécules d'eau ont tout leur temps pour se disposer dans leurs configurations les plus stables. Qu'est-ce qui nous vaut ce florilège de dessins colorés sur la vitre plutôt que la monotonie d'une couche de glace uniforme ? C'est la vitesse de déposition qui est en cause ; l'eau n'a pas le temps d'atteindre l'équilibre[48]. J'ai le souvenir de grands glaçons dérivant sur le Saint-Laurent, au Québec. C'est la lenteur de la fusion qui leur permet de coexister un temps avec l'eau liquide du fleuve. L'iceberg qui a éventré le *Titanic* en est un exemple aux conséquences dramatiques. Si la fonte avait été instantanée, le naufrage n'aurait pas eu lieu.

L'hégémonie de la stabilité et son inséparable compagne, la monotonie, prévalent quand tout ce qui *peut* se passer *a le temps* de se passer. Dans un univers stationnaire, ces régimes

s'imposeraient inévitablement. Même les réactions les plus extraordinairement lentes, les événements les plus fantastiquement improbables, se produiraient tôt ou tard. Les états d'équilibre auraient été depuis longtemps atteints et aucune variété n'existerait dans notre Univers.

Les arabesques glacées de mes fenêtres illustrent le rôle des régimes de déséquilibre pendant l'évolution du cosmos. Comme l'eau déposée sur la fenêtre se refroidit trop vite pour s'étaler régulièrement sur la surface vitreuse, l'Univers se refroidit trop vite pour que l'hydrogène ait le temps de se transformer entièrement en fer.

La vitesse d'expansion de l'Univers, qui gouverne le taux de refroidissement, résulte d'un ajustement fin entre deux facteurs différents : la force de gravité et la densité de la matière cosmique. Si la force de gravité et/ou la densité avaient été plus faibles, le taux d'expansion aurait été si rapide qu'aucune galaxie n'aurait pu se former. Pas de galaxie, donc pas d'étoiles, donc pas d'atomes lourds, donc pas de complexité.

À l'inverse, si la force de gravité et/ou la densité avaient été plus fortes, la matière cosmique se serait transmutée en fer à la première seconde. De surcroît, l'Univers se serait rapidement refermé sur lui-même, retrouvant les hautes températures du big bang.

Résumons-nous. Tout au long de la vie du cosmos, l'action des forces provoque l'apparition d'atomes et de molécules de plus en plus stables. Cette progression a été freinée par l'instauration de régimes de déséquilibres provoqués par le taux d'expansion cosmique. Sans ce freinage, la diversité se serait inexorablement transformée en une nouvelle monotonie.

Non contents de neutraliser la tendance naturelle des forces à l'uniformité, ces fertiles déséquilibres ouvrent la porte au nouveau et à l'inédit. Grâce à eux, les résultats des interactions restent largement imprévisibles. C'est ici que le hasard s'insère et joue son rôle novateur. Des structures déjà existantes (atomes, molécules) peuvent s'associer (rencontres créatrices…) pour donner des êtres nouveaux, qui à leur tour peuvent se livrer au même jeu.

Les espèces atomiques engendrées par l'effet de la force nucléaire au centre d'une étoile se dispersent dans l'espace à sa mort. Grâce à la force électromagnétique, ces atomes se combinent alors pour former l'immense variété des espèces moléculaires. La diversité moléculaire se « greffe » sur la diversité atomique. De greffe en greffe, la nature invente continuellement des structures inédites, toujours plus complexes et plus performantes.

Émergence et globalité

Flash-back sur le vol d'oies sauvages dans le ciel d'automne. Ces oiseaux, rappelons-le, sont ici nos guides à la recherche des ferments du levain cosmique. Les quarks et les électrons dont ils sont composés existaient déjà dans la purée torride des premiers temps. Nous avons décrit le jeu des forces et des énergies, du hasard et des contextes astronomiques, qui ont contribué à cette métamorphose.

Nous abordons ici une des questions les plus difficiles de notre sujet. Les êtres complexes ont un comportement unifié. Comment un ensemble de réactions physiques, chimiques, biologiques, conduit-il à l'apparition d'un être individualisé, structuré, interactif, et non pas seulement à celle d'une juxtaposition d'éléments désordonnés ? Comment la cohérence des comportements émerge-t-elle de l'incohérence initiale ? Comment l'unité « organique » des systèmes se retrouve-t-elle à chaque niveau de la complexité : atomes, molécules, cellules, organismes vivants ?

Rappelons qu'un système complexe possède des *propriétés émergentes* associées à sa globalité *(page 29)*. La molécule d'alcool a des qualités gustatives que ses atomes de carbone, d'hydrogène et d'oxygène ne possèdent nullement. L'atome de fer est composé d'un noyau de 26 protons et de 30 neutrons avec un cortège électronique de 26 protons, soit un total de 194 quarks et électrons. Il suffit

Frégates.

de lui enlever un seul électron (l'ioniser une fois) pour modifier entièrement son comportement. Chaque électron enlevé (ionisations multiples) correspond à un état complètement différent. Ces qualités émergent de la combinaison de ces particules. Selon l'expression consacrée : le tout est plus que la somme des parties.

L'atome d'hydrogène

Cette notion de propriété émergente est bien illustrée par une comparaison avec le langage écrit (voir mon livre *L'Heure de s'enivrer*, Éditions du Seuil, 1986). À l'œil du lecteur, le « sens » d'un mot émerge de la combinaison de certaines lettres dans un ordre spécifique. Le mot « bleu » évoque une couleur que ne contient nullement chacune de ses quatre lettres prises individuellement. Le même phénomène se reproduit pour des phrases composées de mots (« le ciel est bleu »), des paragraphes composés de phrases, des chapitres, des livres, des collections, etc.

Les lettres et les mots sont des créations de l'esprit humain. Leurs origines relèvent de l'histoire et de la convention ; les dictionnaires font loi. Mais qu'en est-il des systèmes physiques ? Pourquoi l'atome d'hydrogène possède-t-il un comportement propre, bien différent de celui du proton et de l'électron dont il est composé ?

Une rétrospective historique nous sera instructive. Les premières tentatives d'explication de l'atome d'hydrogène datent du début du siècle. Comment se comportent un électron et un proton attirés l'un vers l'autre par la force électromagnétique ? L'analogie avec le système Soleil-Terre sous l'effet de la gravité a suscité chez Jean Perrin l'image de l'électron en orbite autour du proton. Mais, contrairement au succès du modèle planétaire de Newton, celui-ci est un échec complet. Selon les lois de l'électromagnétisme, le mouvement orbital d'une particule chargée provoque une émission de lumière et en conséquence une perte d'énergie. Son orbite, loin d'être stable comme celle d'une planète, l'entraînerait en un mouvement spiralé vers le proton, où il s'écraserait en une fraction de seconde. Ainsi en serait-il de tous les atomes. Pourtant les pierres terrestres, vieilles de plusieurs milliards d'années, ne manifestent aucune tendance particulière à disparaître.

Ce problème de la stabilité de la matière fut largement à l'origine de la théorie quantique. Comment le résout-elle ? En faisant appel à des axiomes appropriés. Leur formulation implique que l'atome soit considéré comme une entité et que son comportement ne soit pas la simple somme des comportements de ses particules constituantes. À ce prix les difficultés disparaissent.

À première vue cette explication peut sembler insatisfaisante. D'entrée de jeu on impose la globalité du système ; il n'est pas étonnant de la retrouver après coup. Mais, comme toujours en physique, la justification vient de l'expérimentation. La théorie quantique prévoit, avec une précision époustouflante, les propriétés des structures nucléaires, atomiques et moléculaires du cosmos. La valeur d'une théorie est jaugée à sa capacité de rendre compte des observations.

En résumé la simple juxtaposition des particules et de leurs interactions ne suffit pas à reproduire le comportement de la matière. Les axiomes quantiques rendent compte de la préservation de la globalité des nucléons formés de quarks, des atomes constitués de nucléons et d'électrons, ainsi que des molécules faites d'atomes.

Mais la globalité des systèmes dans la nature ne s'arrête pas au niveau des molécules. Une cellule vivante coordonne les réactions moléculaires à l'intérieur de sa membrane pour en obtenir un comportement unifié. Les mouvements de notre corps impliquent l'activité concertée de nos milliards de cellules.

Cette globalisation se retrouve également au niveau psychique. Sa réalité se manifeste en négatif quand elle fait défaut, chez les schizophrènes par exemple. Au cours de la vie elle s'obtient, nous disent les psychanalystes, à travers le processus d'« individuation », par lequel l'être humain coordonne et conscientise ses différentes pulsions.

Le succès des axiomes de la physique quantique dans les domaines atomique et moléculaire suggère la possibilité de nouveaux principes organisateurs responsables de la globalité des systèmes aux niveaux plus élevés de la complexité. Les propositions n'ont pas manqué. Mais, contrairement à la théorie quantique, la pertinence de ces hypothèses est difficilement démontrable. Aucune prédiction expérimentale ne permet de les confirmer ou de les infirmer. Elles n'ouvrent aucune piste nouvelle sur les chemins de la connaissance et n'ont pas, jusqu'à aujourd'hui, prouvé leur « rentabilité scientifique ». On doit, me semble-t-il, les considérer comme des intuitions ou encore des « intimes convictions ». Elles appartiennent pour l'instant au domaine des considérations métaphysiques. Nous les retrouverons au dernier chapitre.

L'eau organise son mouvement

Mettons de l'eau dans une casserole. Les molécules du liquide s'agitent dans tous les sens. Les mouvements sont aléatoires. L'ensemble est parfaitement incohérent : l'image

Un ouragan dans le Pacifique. *Dans certaines conditions météorolo-
giques, les molécules de l'atmosphère organisent leurs mouvements
en de gigantesques tourbillons qui se meuvent lentement à la surface de
la Terre.*

d'un chaos. L'entropie est à son maximum. Maintenant allu-
mons le gaz : l'eau bout. Des masses fluides montent et descendent, formant des bouillons à la surface. Les mouvements des molécules se sont organisés.

Si l'on demandait : « Quelle est la probabilité que les mouvements de ces molécules s'alignent spontanément dans une
direction précise ? », on trouverait des valeurs infinitési-
males ! Pourtant l'eau reprendra ce comportement chaque
fois que nous allumerons le gaz !

Avons-nous pris le calcul des probabilités en défaut ?
En chauffant, nous avons simplement changé le contexte
extérieur du liquide. Nous avons créé une différence de température entre le fond et la surface de la casserole. Ce changement macroscopique est la source de cette apparition
d'ordre à l'échelle microscopique[49]. Comme l'alcool pour

les marins assoiffés, il agit comme un attracteur. Les mouvements des molécules convergent et engendrent des cellules d'ébullition.

Le message de la bouilloire est à retenir pour la suite de notre histoire ; dans certains contextes, la matière est « attirée » vers l'organisation.

Un poisson de 10 kilomètres

Il y a quelques années, au-dessus des eaux tièdes des Caraïbes, des pilotes d'hélicoptère observent un étrange spectacle. Des « poissons », de centaines de mètres de longueur, se déplacent lentement dans l'eau, tournant à gauche ou à droite, faisant parfois demi-tour ou disparaissant tem-

La géométrie de la vie. *Les dessins géométriques abondent dans le monde vivant. La tendance auto-organisatrice de la matière est modulée par les impératifs biologiques. Les dessins géométriques des tournesols reflètent l'expression des messages génétiques dans le cadre des structures mathématiques.*

porairement dans les profondeurs. Les plus grosses baleines ne dépassent pas 20 mètres ; quels monstres marins nageaient là sous leurs yeux ? Des plongeurs délégués en observateurs résolvent le mystère. Nageant en formation serrée, des millions de petits poissons donnent l'illusion d'un organisme unique.

Pour les éthologistes, ces mouvements d'ensemble s'expliquent simplement. Chaque poisson cherche à se tenir à une distance fixe, ni trop près ni trop loin, de ses plus proches voisins. Résultat : toute la colonie se déplace de conserve. D'en haut, elle donne l'image d'un immense organisme. Cette stratégie, liée à la présence de prédateurs, rappelle celle des convois de la Seconde Guerre mondiale visant à minimiser les agressions sous-marines. Devant un obstacle, les poissons de l'avant-garde tournent à gauche ou à droite. Cette réorientation se répercute de proche en proche dans l'ensemble du banc de poissons, toujours en vertu de cette règle de la distance optimale. La cohérence globale est préservée : le monstre a simplement dévié son parcours.

Selon nos termes maintenant familiers, le léviathan observé du haut des airs est la manifestation visible de l'existence d'un attracteur vers lequel convergent les trajectoires des poissons sous la pression des prédateurs. Il illustre le rôle potentiellement structurateur des contextes extérieurs.

Automates cellulaires

D'autres exemples instructifs nous viennent des jeux informatiques. Supposons un immense damier dont chaque case peut prendre alternativement deux couleurs : blanc ou noir. Au début du jeu la distribution des couleurs est aléatoire. Fixons notre attention sur une case blanche. Adoptons la règle suivante : si les couleurs des cases situées à sa gauche et à sa droite sont les mêmes (deux blanches ou deux noires), sa couleur change et passe au noir. À l'inverse, si ses voisines sont de couleurs différentes, elle garde sa couleur initiale. Chaque case obéit à la même règle. À chaque coup du jeu une nouvelle distribution de couleur s'instaure sur le damier. On recommence un grand nombre de fois et on observe l'évolution des dessins sur le damier. On essaie d'autres règles dans les mêmes conditions et on surveille les résultats.

On constate alors que certaines règles donnent naissance à des résultats étonnants. De grandes plages, blanches ou noires, se forment, persistent, se déplacent sur le damier et, dans certains cas, s'entre-dévorent. Ici, des règles simples, définies par le programmateur, ont suffi à engendrer sur le damier des structures macroscopiques avec une ébauche de comportement global.

Ces manifestations auto-organisatrices des molécules d'eau, des bancs de poissons et des automates cellulaires nous invitent à penser que des phénomènes analogues pourraient jouer un rôle en biologie. Les phénomènes vitaux seraient des attracteurs vers lesquels convergeraient certaines réactions chimiques engendrant une synergie entre les messages des gènes et les lois de la physique.

Informations

Mémoire des cristaux, mémoire des mésanges

J'ai sur un étagère une géode offerte par l'École des mines après une conférence. Les géodes sont des pierres creuses aux parois intérieures tapissées d'améthystes. Le regard y plonge comme dans la caverne d'Ali Baba. Ces fascinantes formations rocheuses résultent d'épisodes successifs de refroidissement géologique. Différentes substances minéralogiques se déposent tour à tour avec, en surface, les belles pyramides violacées des améthystes.

Comment, pendant le refroidissement, un cristal préserve-t-il sa pureté ? La forme et la dimension des atomes déterminent la sélection des minéraux qui, à une température donnée, se fixent sur sa surface. De même qu'une clé s'insère uniquement dans sa propre serrure, ou encore que des pièces d'un Meccano ne peuvent se fixer sur un jeu de Lego, de

Un cristal se construit en préservant sa structure.

même seules les configurations propres aux atomes du cristal restent attachées à la surface ; les autres sont rejetées. Grâce à cette « information », les améthystes préservent leur coloris, leur transparence et leur structure en pyramide. Ce phénomène nous offre un bel exemple de gestion de l'information dans le monde minéral.

Une seule information, la géométrie de ses atomes, suffit à préserver la pureté du cristal. Mais la vie animale exige le stockage d'une très grande quantité d'informations. Elle impose l'existence d'une « mémoire ».

À la fin de l'hiver, à Malicorne, de nombreux oiseaux viennent se nourrir des graines de tournesol déposées sur une arcade en bois. Mésanges bleues, charbonnières ou nonnettes, pinsons des arbres, sittelles, verdiers, se côtoient et parfois se bousculent. La rapidité avec laquelle ces oiseaux s'emparent de la nourriture est stupéfiante. En quelques secondes, une sittelle se perche, saisit une graine, la casse d'un coup de bec et reprend son vol. Ce manège est mille fois recommencé.

Le nombre considérable de graines glanées par une sittelle de ma connaissance m'a toujours intrigué. Que font les oiseaux de toutes ces graines ? Nourrir leurs oisillons ? ils ne sont pas encore nés… J'ai trouvé la réponse dans une revue scientifique. Posté dans un marécage, un ornithologue a vu une mésange retrouver une à une les milliers de graines qu'elle y avait déposées quelques mois plus tôt. Preuve de leur prodigieuse aptitude à stocker de l'information !

Sittelle torchepot.

L'information génétique est inscrite au cœur des longues chaînes d'ADN dans les noyaux de cellules vivantes.

Les langages informatiques

Comment mesure-t-on la quantité d'information incorporée dans une structure ou un message ? Pour définir une « unité d'information », on utilise une question pour laquelle deux réponses sont possibles. Savoir, par exemple, si une lampe est éteinte ou allumée. Au premier cas on associe le chiffre 0, au second le chiffre 1. Le message est ensuite codé en termes d'une séquence de réponses à un ensemble de questions analogues. Le nombre de questions est une mesure de la quantité d'informations.

Les programmes d'ordinateurs se présentent comme des séquences de zéros et de un qui spécifient la succession des opérations individuelles nécessaires à la réalisation des objectifs du programmateur (tel le calcul des orbites d'étoiles doubles). On appelle « contenu informatique » d'un programme la longueur de sa séquence.

Poisson lion (*Pteroïs volitans*).

Les recherches en biologie moléculaire ont révélé d'étonnantes analogies avec le comportement des êtres vivants. Les cellules utilisent un « alphabet informatique » composé de quatre unités : A, C, G et T associées à quatre molécules nommées « bases nucléiques ». La séquence de ces « lettres » forme des « textes », appelés ADN, de dimension gigantesque atteignant plusieurs milliards d'éléments. Ils contiennent les instructions nécessaires à la formation des protéines, éléments essentiels des fonctions vitales.

Complexité et information

Le contenu informatique du programme de construction des Airbus est plus long que celui d'un simple planeur. Celui des bactéries (quelques millions d'ACGT) est beaucoup plus court que celui des mammifères (quelques milliards). Il est tentant d'associer la complexité d'une structure à la longueur du programme apte à le décrire ou à le fabriquer.

Pourtant cette association appelle des réserves[50]. Comparons la fabrication d'une cathédrale avec celle d'un tas de pierres. Dans le premier cas, la liste des instructions nécessaires est beaucoup plus longue que dans le second cas, qui se réduit à « jeter les pierres en vrac les unes sur les autres ». Pourtant, s'il me prend la fantaisie d'élaborer un tas de pierres bien spécifique, où chaque caillou prend une place déterminée, le contenu informatique sera à nouveau très grand. Ici, de toute évidence, le nombre d'informations n'est plus une mesure de la complexité ; le tas de pierres n'est pas une structure organisée. Il est compliqué mais non pas complexe *(page 28)*.

Ce paradoxe nous invite à distinguer deux types d'informations. D'une part, celles qui sont essentielles à la fonction du système. Par exemple : la forme des ailes pour un avion ou la présence d'un autel dans une cathédrale. D'autre part, celles qui sont purement contingentes et qui pourraient être différentes sans nuire à la réalisation du projet. Par exemple : la couleur des parois intérieures de l'avion ou le nombre de marches pour monter à l'autel central de la cathédrale.

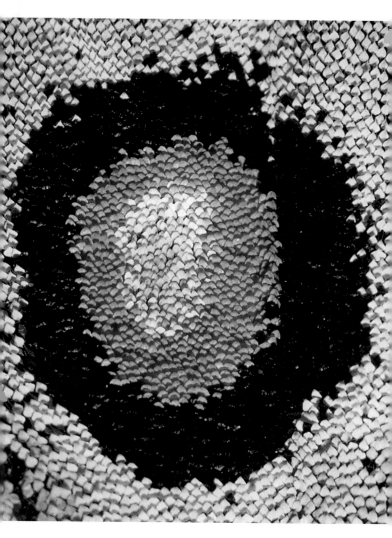

L'œil « dessiné » sur cette aile de papillon est un leurre pour écarter les prédateurs.

Si le programme de construction des cathédrales ne contenait que des opérations nécessaires à la fonction de l'édifice (héberger les cérémonies religieuses), toutes les cathédrales seraient identiques. On ne ferait pas la « tournée des cathédrales ». Les instructions contingentes permettent à l'architecte de déployer son imagination et sa créativité. La cathédrale de Chartres ne ressemble pas à Notre-Dame de Paris, mais on dit la messe dans les deux lieux. L'Airbus diffère du planeur au-dessus des Alpes mais tous deux s'élèvent dans le ciel bleu. À l'autre extrême, les instructions requises pour décrire un tas de pierres spécifique sont largement contingentes. On ne fait pas la tournée des tas de pierres.

Cent mille espèces de papillons assurent la pollinisation des fleurs. Leurs coloris ne sont pas un luxe gratuit. Ils ser-

Débris d'une étoile filante dispersée par les vents dans la haute atmosphère.

vent à attirer les femelles ou encore à se protéger des prédateurs. Mais la disposition exacte des couleurs n'est généralement pas essentielle. Elle reflète les accidents de parcours de leur évolution génétique. Un système complexe contient à la fois des instructions essentielles (caractéristiques du but à atteindre) et des instructions contingentes (assurant son individualité et sa variété).

Le dosage de hasard et de nécessité caractéristique du mode d'élaboration de la complexité trouve ici son expression informatique. L'absence d'informations essentielles ne produirait que du fouillis (un tas de pierres) ; l'absence d'informations contingentes ne produirait que de la monotonie (des cathédrales toutes identiques). Selon certains auteurs[51], la complexité maximale serait atteinte quand les deux types d'informations sont sensiblement égaux.

Dans notre géode, l'information géométrique, essentielle pour préserver la pureté du cristal, est figée et immuable. Mais elle ne suffit pas à rendre compte de la variété des configurations achevées. Le résultat dépend également d'autres facteurs comme la forme du contenant et la vitesse de refroidissement du liquide en cristallisation *(page 129)*. Chaque cristal a une histoire propre où se combinent des informations figées et nécessaires (forme géométrique des atomes) et des informations anecdotiques et contingentes (contextes extérieurs, séquence historique). Une illustration nous est donnée par l'observation des merveilleux cristaux de neige. Il ne suffit pas pour décrire un flocon de neige de rappeler l'information physico-chimique nécessaire : avoir six pointes (symétrie hexagonale). Il faut aussi tenir compte de l'ensemble des informations contingentes associées à son parcours aléatoire dans les nuages humides des giboulées de mars.

Entropie et information

Dans les *Lettres de mon moulin*, Alphonse Daudet nous raconte que, selon une tradition provençale, chaque étoile filante signale l'entrée d'une âme au paradis.

Les étoiles filantes se laissent particulièrement bien observer durant les tièdes nuits du mois d'août. Ce sont de petits gravillons provenant de l'espace interplanétaire. En entrant dans l'atmosphère, ces gravillons s'échauffent et se volatilisent. Avec eux, nous allons revenir sur le thème de la qualité de l'énergie *(page 96)* pour percevoir la relation intime que ce thème entretient avec la notion d'information.

Dans l'espace interplanétaire le gravillon possède une énergie cinétique liée à son mouvement. À l'échelle microscopique, il est constitué d'une myriade d'atomes d'oxygène et de silicium. Nous connaissons la direction du mouvement de ces atomes : ils se déplacent, tous ensemble, sur la trajectoire interplanétaire qui les projette sur la Terre.

Au moment où le gravillon se vaporise, cette énergie cinétique se transforme en chaleur. Il y a perte de qualité de l'énergie et, en conséquence, augmentation de l'entropie. Notons, point crucial, que maintenant les mouvements des atomes *ne sont plus* parallèles ; ils sont distribués dans toutes les directions possibles. Nous avons perdu toute connaissance de leurs trajectoires individuelles. Cette perte d'information correspond à une augmentation de l'entropie du système (transformation de l'énergie cinétique en chaleur). La perte de qualité de l'énergie (augmentation de l'entropie) est associée à une diminution de l'information.

La géode en formation nous présente la séquence inverse. Au début, dans la substance liquide et chaude, une grande variété de molécules s'entremêlent. Nous n'avions aucune connaissance de leurs positions précises dans le magma. Au cours du refroidissement les différentes phases minérales se séparent et se déposent en couches superposées. La géode est plus organisée que le liquide dont elle provient. Nous connaissons maintenant la nature chimique de chacune de ses strates. L'information a augmenté et l'entropie a diminué [52].

5
Les ferments de la complexité biologique

Améliorer

Ce chapitre se place sous le signe de l'émerveillement toujours renouvelé face aux étonnantes prouesses des comportements animaux. Chaque semaine pratiquement, les journaux scientifiques nous en décrivent de nouvelles. Quelques manifestations spectaculaires seront décrites ici. Sans nous priver du plaisir d'être ébloui, nous essaierons dans ces pages d'identifier les ferments de la complexité biologique.

Le retour du printemps ramène les hirondelles. Je me souviens des cabanes d'oiseaux que mon frère installait sur les grands ormes, près de notre maison de campagne au bord du lac Saint-Louis. Je revois ces hirondelles apportant la becquée aux oisillons et chassant impitoyablement le chat rôdeur. Des descentes en piqué, accompagnées de cris stridents, suffisaient à le tenir à distance. Contrairement aux atomes dont elles sont formées, les hirondelles ne sont pas éternelles. Elles savent trouver leur nourriture pour rester en vie et soigner leurs petits. D'où leur viennent ces aptitudes ?

Les éleveurs de chevaux améliorent les performances de ces derniers en sélectionnant les géniteurs. Inspiré par cette technique, Charles Darwin a proposé l'idée d'une « sélection naturelle » par laquelle les lignées animales acquièrent des aptitudes toujours plus efficaces. À l'échelle biologique, la compétition est un puissant ferment de la complexité. Elle assure la survivance et la prolifération des lignées adaptées. C'est à ce prix que la vie peut continuer sur notre planète.

Pour conduire à bon terme leurs longs périples, les migrateurs utilisent, avec une remarquable compétence, les propriétés de leur environnement terrestre. L'aptitude à recevoir, à stocker et à gérer une multitude d'informations est un autre ferment de la complexité. L'apprentissage enrichit les

structures ; les structures améliorées développent plus loin
encore la capacité d'apprendre.

Sous l'effet de ces ferments, les êtres vivants développent
des dispositions fantastiques. Les chauves-souris et leur
sonar, dont les prouesses dépassent de loin celles des radars
contemporains, les migrateurs au long cours, dont les
méthodes de guidage nous sont encore largement mystérieuses, feront l'objet des prochaines sections. Puis nous
nous étendrons plus longuement sur les méthodes de l'apprentissage et nous nous demanderons : comment apprend-
on à apprendre ?

Mentionnons à nouveau la propriété peut-être la plus
étonnante de l'évolution de la complexité : la « simplicité »
retrouvée à chaque étape. Un ensemble d'éléments s'associent pour former une structure unifiée, individualisée, qui
s'exprime par un comportement global et cohérent. Pour
les atomes et les molécules, cette propriété est « inscrite »
dans l'axiomatique de la physique quantique. Mais sa réap-
parition au niveau des cellules, des organismes et en particulier des états de conscience, reste profondément mys-
térieuse.

Chauves-souris

Ce texte est l'occasion d'une méditation sur la nature de la
nature. On y parlera de notre perception des animaux, de
la façon dont elle a évolué au cours des siècles, et l'on dira
comment notre capacité d'apprécier à leurs justes valeurs
leurs extraordinaires prouesses est intimement reliée à notre
niveau technologique à un moment donné.

À Malicorne, quand la nuit est tiède, nous dînons dehors
près des vieux bâtiments de la ferme. La lumière des lampes
à pétrole éclaire le vol saccadé des chauves-souris. Les
humains n'ont guère de sympathie pour ces mammifères
ailés aux parcours chaotiques. Animaux de l'ombre, ils font
peur. « Rentrez vite, disait ma grand-mère, elles vont s'ac-

crocher à vos cheveux[53]. » De nombreuses légendes populaires leur attribuent des pouvoirs maléfiques.

Aujourd'hui notre regard sur les chauves-souris s'est considérablement modifié. Chefs-d'œuvre de technologie, leurs prouesses dépassent de loin les meilleures réalisations de nos ingénieurs.

Techniques de navigation

Une croyance ancienne attribue aux chauves-souris le pouvoir de chasser dans l'obscurité complète. Pour le vérifier, à la fin du XVIIIe siècle, Lazzaro Spallanzani en enferme une dans une pièce obscure où sont tendus pièges et filets. Elle évite tous les obstacles. Spallanzani lui couvre alors la tête d'un capuchon opaque et donne de la lumière ; la chauve-souris se heurte partout. Même échec avec un capuchon transparent ! Parfaitement à l'aise dans l'obscurité, l'animal ne trouve aucun secours dans la lumière. Manifestement il ne se guide pas du regard.

On réprouverait sévèrement aujourd'hui l'opération cruelle à laquelle le biologiste se livre alors : il lui crève les yeux. Elle vole correctement ! Et même avec un capuchon, pourvu qu'on ne lui couvre pas les oreilles. La chauve-souris se guide au son… La grande dimension de cet organe par rapport au corps de la chauve-souris aurait d'ailleurs pu lui mettre la puce… à l'oreille[54] !

Pourtant le vol de la chauve-souris ne s'accompagne pour nous d'aucun bruit. Mais, à l'époque de Spallanzani, l'existence des ultrasons est encore inconnue. La fréquence des sons émis et reçus par cet animal dépasse largement la gamme accessible à l'oreille humaine.

Localiser la proie

Pour naviguer la nuit et éviter les récifs, les marins de l'Antiquité utilisaient l'écho sonore. La distance des falaises se mesurait par le temps d'aller-retour de l'écho : environ 150 mètres par seconde. Les chauves-souris utilisent la même technique. En vol, elles émettent une séquence rapide de cris ultrasonores à une fréquence de quelque 30 000 vibrations par seconde, soit une longueur d'onde voisine d'un centimètre. Leurs oreilles dressées en reçoivent les échos. Comme le navigateur antique, le délai entre l'émission du cri et la réception de l'écho mesure la distance de l'obstacle.

La chauve-souris émet des ondes sonores dont elle recueille les échos avec ses longues oreilles.

Il ne suffit pas à la chauve-souris de connaître la distance à laquelle se situe une proie ; il faut encore en déterminer la direction. Si la cible est située droit devant l'animal, les deux oreilles en recevront l'écho exactement au même moment. Si elle est située à sa droite, l'oreille droite le recevra *avant* l'oreille gauche : le trajet parcouru par l'onde sonore est plus court pour cette oreille que pour l'autre *(dessin ci-dessous)*. La chauve-souris évalue correctement le décalage entre les deux arrivées. Il est de quelque cent millièmes de seconde ! De là, son « ordinateur de bord » calcule la direction de la proie.

Il faut encore estimer la hauteur de l'objet par rapport au

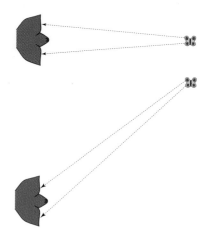

Une chauve-souris envoie un signal sonore qui est réfléchi par un papillon. Si le papillon est situé droit devant elle, l'oreille droite et l'oreille gauche reçoivent l'écho en même temps (en haut). Si le papillon est à sa gauche, l'oreille gauche reçoit l'écho avant l'oreille droite : les distances parcourues par le son sont différentes (en bas). Ce délai, inférieur à un millième de seconde, permet à la chauve-souris de localiser la proie.

Alerté par le sonar d'une chauve-souris, un insecte fait demi-tour.

sol : le papillon est-il au-dessus ou en dessous de la chauve-souris ? Ses grandes oreilles vont lui fournir ce renseigne-ment. L'écho lui parvient par deux voies différentes. Une première impulsion sonore entre directement dans le conduit auditif, une autre arrive un peu plus tard, après réflexion sur le sommet du cornet dressé au-dessus du conduit auditif. Le délai, de quelques millionièmes de seconde, détermine la hauteur de la proie ou du prédateur.

En résumé, l'analyse de l'écho permet à la chauve-souris de détecter et d'estimer la distance et la direction de la cible. Sa navigation en zigzag l'oblige à réévaluer ces renseignements à tout instant.

Le mouvement de la proie

Le papillon convoité n'est pas immobile, il se déplace dans l'espace. L'attraper impose une évaluation de sa trajectoire, c'est-à-dire une estimation continue de sa vitesse et de son accélération. Ici la chauve-souris utilise la même technique

que nos gendarmes sur l'autoroute : le décalage des longueurs d'onde (l'effet Doppler)[55]. En voici le principe. Une
cible qui s'éloigne retourne un écho plus grave que le son
émis. Plus la vitesse est élevée, plus grande est la différence
des longueurs d'onde, et inversement pour un objet qui se
rapproche. La chauve-souris sait évaluer ce décalage à
mieux de un pour cent ! Ainsi, réajustant continuellement
son vol, elle s'approche de sa proie, la rattrape et l'avale
d'un coup.

Identifier la proie

L'onde sonore est porteuse de bien d'autres informations.
Quelle est la nature de la cible ? un appétissant papillon
nocturne ou un funeste rapace ? C'est encore à l'effet
Doppler que la chauve-souris fait appel. Les battements
d'ailes d'un insecte provoquent un décalage variable de
l'écho transmis. Un papillon de nuit vole plus lentement
qu'une guêpe. La « signature sonore » ne sera pas la même.
Et ce n'est pas la peine de s'affairer pour une feuille morte
en chute libre.

Mais la chauve-souris n'est pas seule à profiter des phénomènes auditifs. Certains insectes détectent ses cris ultrasonores. Jouant les feuilles mortes, ils se laissent mollement
choir vers le sol pour reprendre leur vol quand l'alerte est
terminée. Ils n'entendent plus les cris de la chauve-souris
abusée. D'autres insectes adoptent aussitôt une course en
zigzag. D'autres encore émettent à leur tour des ultrasons
ajustés pour brouiller le sono-guidage de leur prédateur. La
nature ne favorise pas le sort d'une seule espèce. Les lois de
la physique sont pour tout le monde…

Fréquence modulée

Nos appareils récepteurs de radio (tuners) sont sensibles à
deux types de signaux : AM et FM. En AM (amplitude
modulée), le message est transmis par une variation de l'amplitude de l'onde radio dont la fréquence demeure constante.

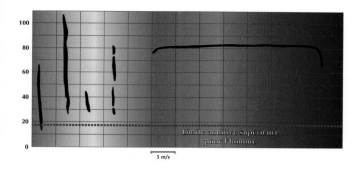

Fréquence et durée des cris poussés par différentes variétés de chauves-souris. *À gauche, quatre cris dont la fréquence décroît rapidement. À droite, un long cri de 35 millisecondes à une fréquence de 80 000 vibrations par seconde.*

En FM (fréquence modulée), c'est la variation de la fréquence qui porte le message.

Les sonars des chauves-souris émettent sur l'un ou l'autre mode. Chacun possède ses avantages et ses inconvénients. Pour détecter la présence d'une proie et en déterminer la vitesse, le mode AM est supérieur : les échos sont plus intenses et les mesures du décalage plus précises. Mais pour identifier la nature de la cible et en déterminer la distance, le mode FM est mieux adapté : chaque fréquence en donne une image distincte tandis que la faible durée de son émission permet une meilleure évaluation du retard à l'écho. Alors, que choisir, fréquence constante ou modulation de fréquence ?

Astucieuses, les chauves-souris alternent les deux modes. Elles combinent ainsi les avantages de la fréquence constante (meilleure détection, meilleure mesure de vitesse) et de la fréquence variable (meilleure analyse de l'image, meilleure appréciation de la distance). De surcroît, à l'approche de la proie, elles améliorent encore la qualité des renseignements en augmentant progressivement la fréquence des cris : jusqu'à 200 trains d'onde par seconde !

Ces techniques[56] paraîtront singulièrement familières aux ingénieurs militaires. S'ils n'étaient sous le sceau du secret, ils nous parleraient dans les mêmes termes des « missiles à tête chercheuse ». Décrivant la prise en chasse d'un avion ennemi, ils raconteraient ainsi la détection et l'analyse continue des signaux réfléchis jusqu'à l'impact final.

Les harmoniques

Longtemps avant Pythagore, les chauves-souris ont su reconnaître et mettre à leur profit le phénomène des harmoniques sonores. La corde que le violoniste touche vibre sur plusieurs fréquences. Un premier son provient du mouve-

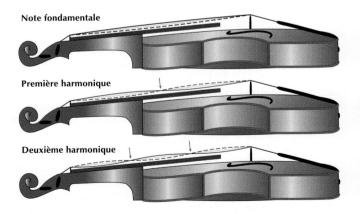

Une corde de violon vibre de plusieurs façons différentes. Le mouvement de la corde dans son ensemble donne le son fondamental. Les vibrations caractérisées par des points immobiles (creux) engendrent les harmoniques.

ment d'ensemble de la corde entre ses deux extrémités ; c'est la note « fondamentale ». À cela s'ajoute un autre mouvement avec un point fixe au milieu de la corde. La fréquence émise, deux fois plus élevée que la précédente, porte le nom de « première harmonique » (la longueur d'onde est deux fois plus courte). D'autres harmoniques correspondent à des nombres de plus en plus élevés de points stationnaires, et donc à des sons de plus en plus aigus *(dessin ci-contre).*

Tout comme le violon, les cordes vocales de la chauve-souris émettent à la fois une note fondamentale (30 000 vibrations par seconde) et plusieurs harmoniques (60 000, 90 000… vibrations par seconde). Les fréquences élevées ne se propagent pas très loin ; l'air les amortit rapidement. En contrepartie, elles permettent une imagerie beaucoup plus fine que la fondamentale. Ici encore, la chauve-souris joue sur tous les tableaux. Son gosier peut, à tout instant, contrôler les amplitudes de chaque harmonique. Loin de la cible, elle utilise la note fondamentale, plus pénétrante, mais à son approche elle favorise l'émission d'harmoniques de plus en plus élevées, améliorant progressivement la qualité de l'image.

Les extraordinaires prouesses des chauves-souris nous sont longtemps restées inconnues faute de comprendre la physique qui les sous-tend. Il en est de même de notre propre corps ! Les fabricants de robots le savent depuis longtemps : la coordination des muscles nécessaires à la marche et à la course tient du prodige. La digestion implique une formidable succession d'opérations chimiques maîtrisée par notre estomac bien avant leur élucidation par les chimistes organiciens. Et le cerveau ! La référence populaire à l'ordinateur reflète surtout notre ignorance. L'analogie de leurs fonctionnements respectifs frappe et limite notre imagination. Jusqu'où la science, fruit du cerveau humain, peut-elle aller dans la compréhension de son activité ? La question est ouverte.

Migrations

Les hirondelles nous quittent vers la fin du mois d'août. Où vont-elles ? Au IVe siècle avant Jésus-Christ, Aristote donne la bonne réponse : certaines variétés d'oiseaux vont passer l'hiver dans des régions tempérées. Mais cette idée reste longtemps contestée. Selon Carl von Linné, les oiseaux, tout comme les grenouilles, entrent en hibernation à l'arrivée des grands froids. Plus fantaisiste, un auteur anglais affirme qu'ils se réfugient dans la Lune après un voyage de 60 jours[57] !

L'analyse des phénomènes migratoires est l'un des domaines les plus excitants de la science contemporaine. La physique, la chimie et la biologie s'y retrouvent, mêlées à la géologie et à l'astronomie. À la limite du prodigieux et de l'incroyable, cette étude illustre l'extraordinaire aptitude des êtres vivants à mettre à leur service les phénomènes naturels. Comme Ovide *(page 26)*, nous en restons parfois pantois. Les résultats présentés dans ce chapitre proviennent de sources généralement fiables[58]. Pourtant, dans ce domaine où le merveilleux émerge à tout instant, il convient de garder la tête froide et d'exercer la plus grande prudence.

La boussole et la carte

Sur la mer ou dans le désert, deux éléments sont essentiels au voyageur : une boussole et une carte. La boussole lui indique le nord. Elle lui permet de conserver la direction déterminée par l'étude préalable de la carte. La boussole le guide tout au long de son trajet mais, à l'approche de l'objectif, la carte redevient déterminante.

Cet oiseau qui se dirige vers le sud voit le Soleil à sa gauche le matin, droit devant lui à midi et à sa droite le soir. Grâce à ses horloges internes, il peut compenser ces déplacements et utiliser, à toute heure, la position du Soleil comme repère de guidage.

Le Soleil

Le Soleil est un phare pour un grand nombre de migrateurs. Les oiseaux tiennent mieux le cap par temps clair que par temps couvert. Mais, problème, le Soleil n'est pas immobile dans le ciel. Un oiseau qui migre vers le sud voit le Soleil à sa gauche au matin, droit devant lui à midi et à sa droite le soir *(dessin ci-dessous)*. Pourtant, tout au long de la journée, il effectue les corrections nécessaires pour ne pas « perdre le sud ».

Pour élucider de tels comportements les planétariums sont d'un grand secours aux ornithologues. Au sol, une piste d'envol permet aux migrateurs d'indiquer leur choix d'orientation sans toutefois s'envoler. Ayant fixé le Soleil en permanence dans la direction du sud, on introduit à midi des migrateurs nord-sud et on observe leurs réactions face à cet astre trompeur. Ils se dirigent d'abord, tel que prévu, vers l'image solaire. Mais au cours de l'après-midi, ils se réorientent progressivement vers l'est de façon à voir le Soleil de plus en plus à leur droite. Comme au cours d'une vraie migration ! Manifestement le système de guidage de l'oiseau intègre une horloge interne qui lui permet de compenser en temps réel le mouvement du Soleil.

L'élaboration et la mise en service d'horloges précises en Europe vers le XIVe siècle furent un facteur primordial de la navigation océanique. Grâce à ces instruments, les marins purent compenser le mouvement du Soleil et ainsi connaître avec précision la position du navire. Les recherches biologiques nous ont récemment révélé l'existence d'horloges organiques internes régulatrices des fonctions physiologiques (dormir la nuit, uriner le matin, etc.). Les malaises du décalage horaire des vols au long cours *(jet lag)* proviennent des conflits entre ces horloges internes et les changements de fuseaux horaires[59]. Leurs mécanismes biochimiques font l'objet d'intenses recherches. Quelques animaux posséderaient plusieurs horloges indépendantes.

Certains migrateurs gardent la bonne direction par temps partiellement couvert, même si le Soleil n'est pas visible ; ils utilisent la polarisation de la lumière bleue de la voûte céleste *(page 79)*. Le rayonnement du ciel est polarisé dans un plan perpendiculaire à la direction du Soleil. Notre œil est insensible à ce phénomène. Les pigeons, ainsi que certaines variétés de fourmis, s'en servent pour localiser le Soleil derrière les nuages. Mais pour découvrir ce mode de guidage, il nous fallait d'abord connaître les propriétés des ondes électromagnétiques...

Navigation de nuit

Le bruant bleu, un petit oiseau de la taille d'un moineau, effectue deux fois par an un grand voyage nocturne le long de la côte est des États-Unis. Il vole la nuit. Quand les premières constellations apparaissent dans le ciel assombri, il s'apprête à décoller.

Dans le ciel étoilé du planétarium, il oriente correctement son départ. En mai, il se prépare à voler vers le nord, dans la direction de l'étoile Polaire. Tournons insidieusement la voûte céleste d'un quart de tour (90 degrés). L'étoile Polaire est maintenant située à l'est. Fidèle à cet astre, l'oiseau se déplace pour rester face à lui. Éteignons maintenant les étoiles fictives pour simuler une couche nuageuse : l'oiseau

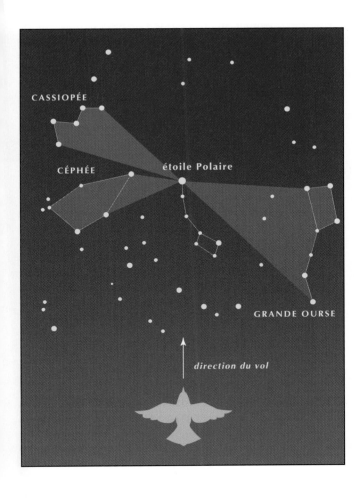

Les bruants bleus, migrateurs nocturnes, se guident à partir des étoiles et des constellations.

ne cherche plus à décoller. Pas d'erreur possible, comme les marins antiques le bruant bleu navigue aux étoiles !

Contrairement au Soleil, l'étoile Polaire a le bon goût de ne pas se déplacer dans le ciel. Est-ce vraiment elle qui leur sert de repère ? On l'éteint, ainsi qu'une fraction importante de la voûte céleste. L'oiseau s'oriente encore correctement. Quelques constellations visibles lui suffisent : par exemple la Grande Ourse ou Cassiopée, toujours présentes sous nos latitudes.

Les oiseaux repèrent-ils, comme nous, l'étoile Polaire en prolongeant cinq fois le bord de la « casserole » de la Grande Ourse ? Ont-ils dans la tête une carte du ciel ? Et comment leurs lignées s'accommodent-elles du mouvement périodique de l'axe terrestre (précession des équinoxes) ? Il y a 13 000 ans, c'était l'étoile Véga qui indiquait le nord !

Faisons maintenant tourner le ciel dans son ensemble autour de l'étoile Bételgeuse, dans la constellation d'Orion ; le bruant se dirige vers Bételgeuse. Certains auteurs supposent que ces oiseaux utiliseraient le *mouvement* des étoiles sur la voûte céleste pour identifier la Polaire, qui, elle, ne bouge pas. Dans ce cas, leurs yeux seraient en mesure de détecter des mouvements d'une extraordinaire lenteur. Qui parmi nous peut voir bouger une étoile dans le ciel (hormis les étoiles filantes) ? La recherche scientifique prend quelquefois des allures de romans policiers…

Magnétisme

Tous les ans, des tortues marines quittent leurs plages natales dans les Caraïbes et gagnent un îlot minuscule perdu à quelques milliers de kilomètres dans l'Atlantique. Soupçonnant un guidage magnétique, les chercheurs déposent des tortues équipées d'un attelage souple dans un bassin lui-même plongé dans un champ magnétique de laboratoire. Tel que prévu, les tortues se réorientent quand on change artificiellement la direction du champ.

La boussole, rappelons-le, ne suffit pas à assurer le succès d'un tel périple. Il faut aussi une carte. À la surface du globe,

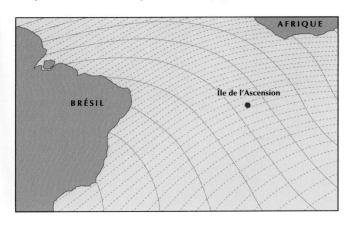

Les variations du champ magnétique dans l'Atlantique Sud. *Au long d'un ligne pleine, l'intensité du champ est constante ; au long d'une ligne en pointillé, son angle d'inclinaison par rapport à la verticale est constant. Certaines espèces de tortues utilisent l'équivalent de cette carte géomagnétique pour retrouver l'île de l'Ascension au milieu de l'océan Atlantique.*

le champ magnétique varie non seulement en direction, mais aussi en intensité. Ces deux informations, l'équivalent de la longitude et de la latitude, suffisent à tracer des cartes magnétiques *(carte ci-dessus)*. L'utilisation de telles cartes par les tortues implique la présence chez elles de détecteurs d'une extrême sensibilité. Cette hypothèse est confirmée par l'étude d'une autre variété de tortues migratrices. Quittant à leur naissance le golfe du Mexique, elles traversent l'Atlantique en suivant le Gulf Stream pour revenir ensuite vers leur lieu de départ. Mais, problème, quelque part au large du Portugal, le Gulf Stream se divise en deux branches. L'une continue vers le nord en direction des îles Britanniques, tandis que l'autre revient vers l'Amérique par le sud, en longeant la côte mauritanienne. Pour éviter une mort certaine dans les eaux froides de l'Atlantique Nord, les tortues

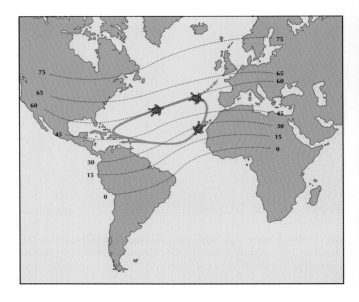

Trajectoire d'une variété de tortue le long du Gulf Stream. *Au large du Portugal, ce courant se divise en deux branches. L'une va vers l'Angleterre, l'autre vers la Mauritanie. Au risque de périr dans les eaux froides de l'Atlantique Nord, les tortues doivent tourner à droite vers la mer des Sargasses. Elles savent qu'il est temps de tourner quand le champ magnétique terrestre est incliné à 60 degrés.*

doivent impérativement prendre la branche australe du courant. Mais comment savoir ? Leurs détecteurs magnétiques sont mis à profit. Plus on monte vers le nord, plus la direction du champ magnétique s'incline vers la verticale *(page 76)*. Quand l'angle du champ atteint 60 degrés, les tortues savent qu'il est temps de tourner vers le sud[60].

Pour ne pas simplifier la situation, le champ magnétique terrestre subit d'importantes variations temporelles *(page 76)*. Il s'inverse plusieurs fois par millions d'années et subit parfois de rapides changements locaux. Des tests appropriés montrent que ces animaux savent « recaler » leurs détecteurs magnétiques sur les indicateurs astronomiques (Soleil ou étoile Polaire). Leurs cartes sont ainsi constamment remises à jour.

Les oreilles

Plus un son est bas, plus il se propage facilement dans l'atmosphère. Nous entendons le tonnerre à plusieurs kilomètres de distance. Nos oreilles ne perçoivent pas les sons dont la période est inférieure à un centième de seconde (100 vibrations par seconde). Les éléphants et les baleines communiquent avec des signaux sonores d'environ 20 vibrations par seconde, perceptibles pour eux à des centaines de kilomètres. Les champions, toutes classes comprises, sont les pigeons. Sensibles à des infrasons d'un dixième de vibration par seconde (soit une période de 10 secondes, mille fois plus longue que notre propre limite), ils peuvent entendre des bruits provenant de milliers de kilomètres. Le ressac des vagues océaniques sur les falaises côtières et les rafales de vent s'engouffrant dans les vallées de hautes montagnes sont des repères fiables sur la « carte sonore » de ces voyageurs ailés.

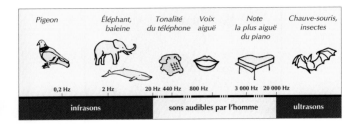

Gamme des sons audibles par les êtres vivants. *Un hertz (Hz) correspond à une vibration par seconde. Les pigeons perçoivent des infrasons de quelques centièmes de vibration par seconde ; les chauves-souris, de près de 100 000 vibrations par seconde (ultrasons).*

Le nez

Chaque année, des myriades de saumons quittent l'Océan, s'engagent dans les fleuves, remontent les rivières et les ruisseaux. Au terme d'un long périple, ils retrouvent leur nid de l'an dernier. Mais rien ne va plus si on leur bouche le nez ou si on verse sur leur trajet un liquide odoriférant. Au sens propre du terme, ils se guident au « pif ».

La mémoire des lieux

Les contours géographiques, les bords de mer, les fleuves et les montagnes sont des repères pour les migrateurs. Ayant mémorisé avec précision la topographie de leurs trajets, ils

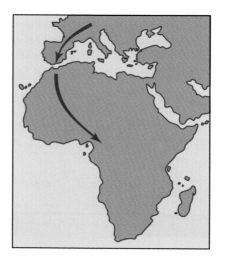

Pour migrer de l'Europe vers l'Afrique centrale, les fauvettes des jardins vont traverser la Méditerranée à Gibraltar, réduisant ainsi au minimum les longues et dangereuses traversées maritimes.

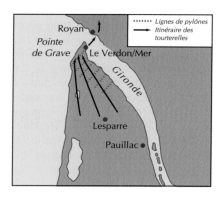

En provenance de l'Afrique du Nord, les tourterelles des bois suivent la côte atlantique du sud-ouest de la France et traversent la Gironde à la pointe de Grave. Des milliers de pylônes camouflés dans la campagne permettent aux chasseurs de les abattre, réduisant progressivement leur population et menaçant ainsi de les exterminer.

en suivent les indications comme les premiers pilotes d'avion « naviguaient à vue ».

Une variété d'étourneaux migre chaque printemps de la Hollande vers la Bretagne. Des chercheurs transportent nuitamment un groupe d'oiseaux de la Hollande vers la Suisse, où ils sont relâchés à leur période de migration. Les plus jeunes se dirigent vers le sud-ouest (direction à la boussole du vol Hollande-Bretagne), aboutissant en Espagne. Les plus âgés, éventant le piège, retrouvent leurs quartiers d'hiver en Bretagne. Les indications géographiques – souvenirs de leurs périples précédents – leur ont permis de corriger le parcours. Cet exemple illustre une caractéristique importante des migrateurs : ils utilisent simultanément plusieurs méthodes de guidage, et, si les instructions se contredisent – ici la boussole et la carte –, ils savent généralement choisir la bonne information[61].

Minimiser les risques du trajet est un autre impératif important de ces pérégrinations au long cours. Éviter les régions où une escale imprévue pourrait être fatale (les mers et les déserts arides, par exemple). Certaines fauvettes quittent chaque automne la Suisse vers le Zaïre. Le plus court trajet imposerait le survol hasardeux de la Méditerranée et du Sahara. Elles adoptent une autre course, qui survole d'abord le sud de la France, l'Espagne, passe au-dessus du détroit de Gibraltar, là où l'étendue d'eau à traverser est minimale. Elles suivent ensuite la forêt équatoriale de l'Ouest africain, évitant ainsi largement les

La tourterelle des bois, dont les populations se réduisent dangereusement d'année en année, est toujours abattue en masse par les chasseurs du Médoc.

régions désertiques. Dans ce cas, indicateurs géographiques et boussole magnétique sont utilisés simultanément pour atteindre le but tout en conservant à tout instant un maximum de sécurité.

Tous les ans des dizaines de milliers de tourterelles des bois survolent le sud-ouest de la France en direction des pays nordiques. En arrivant au-dessus du Médoc, elles suivent la côte de l'estuaire de la Gironde pour traverser vers Royan, là où le passage au-dessus de l'eau est le plus court. Pour les abattre, les chasseurs ont érigé tout au long de cette côte des milliers de pylônes. En mai 1998, j'ai eu l'occasion, avec ma femme Camille, d'aller appuyer une manifestation de la Ligue de protection des oiseaux (LPO) pour sauver cette espèce menacée d'extinction[62].

Avons-nous complètement répertorié l'ensemble des techniques de guidage des migrateurs ? Selon plusieurs ornithologues, les méthodes connues ne suffiraient pas à rendre compte de toutes leurs prouesses. Rappelons seulement que le comportement des pigeons voyageurs était inexplicable avant la découverte du magnétisme et que le mystère du vol des chauves-souris dans l'obscurité a été élucidé avec la connaissance des ultrasons. Les avancées de la science et de la technologie nous révéleront peut-être l'existence d'autres méthodes d'orientation, repoussant ainsi toujours plus loin notre horizon technologique[63].

Apprendre

Au printemps, quand les jours s'allongent, les oies sauvages s'apprêtent à voler vers l'Arctique. Comment savent-elles quand il faut partir ? Pourquoi les oisillons mésanges évitent-ils systématiquement les insectes toxiques ? La réponse fait intervenir leur code génétique. Le langage informatique de la vie a été décrit en page 133. Les programmes, appelés ADN, consistent en de longues séquences de quatre lettres (A, C, G et T). Avec cet alphabet, le code génétique est écrit dans le noyau des cellules. Chaque configuration,

L'oie sauvage (bernache du Canada) migre chaque année de l'Arctique jusque dans les régions tropicales.

correctement interprétée par la machinerie cellulaire, correspond à une activité bien déterminée de l'organisme.

D'où leur vient cette information ? De leurs parents, bien sûr. Mais encore ? Comment, historiquement, s'est-elle inscrite dans les gènes de la lignée ? La réponse fait intervenir l'adaptation progressive des organismes. Elle est le résultat d'une longue histoire antérieure de millions de générations. Par le jeu des mutations successives et de la sélection naturelle, l'information stockée dans le code génétique se transforme en s'optimisant. Les oies y puisent les renseignements nécessaires à la bonne orientation de leur vol.

Une amie ornithologiste m'invite un jour en Sologne pour observer le comportement des mésanges. Près de la fenêtre donnant sur le jardin, elle a suspendu à une branche une curieuse construction hélicoïdale en forme de carrousel. Des perchoirs, des cases de dimensions variées et des plaques culbutantes y sont fixés. Au niveau inférieur, des graines de tournesol sont offertes aux mésanges. Mais pas gratuitement ; il faut les mériter. Elles doivent accomplir une série d'opérations dans un ordre déterminé : se poser sur les perchoirs appropriés, entrer dans certaines cases et faire basculer quelques plates-formes, etc.

Au début les mésanges s'évertuent laborieusement sans trop de succès. Certaines n'y arrivent jamais. D'autres, au contraire, après beaucoup d'efforts, parcourent le trajet prévu et atteignent leur récompense. Elles reviennent et refont le parcours de plus en plus rapidement. Nous fûmes tous émerveillés par l'habileté d'une petite femelle. En un rien de temps, elle s'était posée sur les bons perchoirs, avait basculé les bonnes plates-formes et s'était envolée avec son butin. Nous avions peine à la suivre des yeux. Elle avait su tirer parti de ses échecs antérieurs pour élaborer et mémoriser la bonne stratégie.

Cette séquence caractéristique d'opérations visant à optimiser une démarche se retrouve dans de nombreux domaines des comportements vivants. Le système immunitaire (mais aussi l'apprentissage des langues ou l'entreprise scientifique) en est un bon exemple.

Le système immunitaire

À chaque instant, des intrus de toutes sortes profitent de nos ouvertures naturelles, des blessures et même des écorchures pour pénétrer dans notre corps. Comment notre organisme s'en débarrasse-t-il ?

Cette fonction est assignée aux globules blancs du sang. Chaque globule est muni d'une sorte de clé spécifique (une configuration moléculaire). Les envahisseurs, par exemple des bacilles de Koch responsables de la tuberculose, possèdent l'équivalent d'une serrure. La tâche des globules n'est pas sans analogie avec celle du cambrioleur cherchant dans son trousseau la bonne clé pour ouvrir le coffre-fort. L'agresseur a été identifié quand, généralement après de nombreux essais infructueux, la clé d'un globule s'insère correctement dans sa serrure. Il est alors détruit et éliminé. Le globule victorieux se met aussitôt en devoir de se multiplier à vive allure. Il engendre ainsi une armada de congénères munis de la même clé et donc en mesure d'identifier et de terrasser les troupes d'hôtes indésirables.

Mais la gigantesque variété des serrures possibles pose problème. Entre les bactéries, les virus, les molécules géantes, le nombre d'intrus différents à neutraliser devient littéralement astronomique. Les tentatives d'identification peuvent se pro-

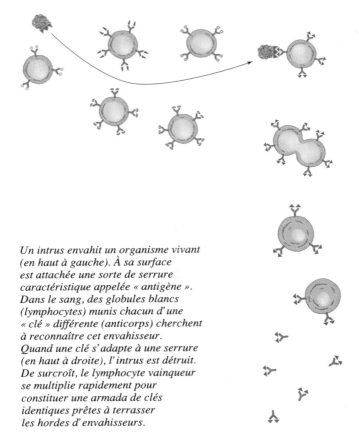

*Un intrus envahit un organisme vivant
(en haut à gauche). À sa surface
est attachée une sorte de serrure
caractéristique appelée « antigène ».
Dans le sang, des globules blancs
(lymphocytes) munis chacun d'une
« clé » différente (anticorps) cherchent
à reconnaître cet envahisseur.
Quand une clé s'adapte à une serrure
(en haut à droite), l'intrus est détruit.
De surcroît, le lymphocyte vainqueur
se multiplie rapidement pour
constituer une armada de clés
identiques prêtes à terrasser
les hordes d'envahisseurs.*

longer pendant plusieurs heures, voire plusieurs jours avant de réussir. Profitant de ce répit, une bactérie pathogène est susceptible de gagner du terrain et de rendre insuffisante l'intervention retardée du système immunitaire.

Si l'organisme réussit à terrasser une première agression – celle du bacille de Koch dans notre exemple –, les contingents de globules victorieux continueront à circuler dans le sang du convalescent. Grâce à leur nombre, ils reconnaîtront rapidement et vaincront efficacement une seconde agression du même intrus. En termes plus familiers, l'organisme est maintenant « autovacciné ». Au cours des années le système immunitaire « apprend » ainsi à éliminer rapidement un bon nombre de virus et de bactéries pathogènes. Voilà pourquoi les enfants n'attrapent jamais deux fois les oreillons[64]. En ce sens, tout comme les mésanges de mon amie ornithologue, l'organisme garde et utilise la mémoire de ses expériences antérieures pour accroître son efficacité[65].

Exemple d'anticorps engendré par le système immunitaire pour détruire les intrus dans l'organisme. *Sa forme spécifique (ici en Y) agit comme une clé qui s'insère dans une serrure pour identifier la nature de l'envahisseur. Les dimensions sont inférieures au millième de millimètre.*

Systèmes adaptatifs complexes

L'enfant qui apprend à parler écoute avec attention les paroles prononcées autour de lui. Puis il se risque à faire des mots et des phrases. Par les réactions, positives ou négatives, de ses proches, il améliore continuellement son langage. Il note par exemple que les mots se terminant en « al » (un cheval) ont leur pluriel en « aux » (des chevaux). Pourtant, quand il dit « des chacaux », les regards désapprobateurs lui signalent qu'il y a des exceptions. Ainsi s'élabore dans sa tête, comme une seconde nature, une aptitude à parler correctement. Par la méthode des « essais et erreurs » il apprend le langage.

Les mésanges friandes de graines de tournesol, les globules blancs à la poursuite des intrus, les enfants à l'écoute des adultes, présentent de nombreuses analogies de comportement. On les regroupe sous le nom de « systèmes adaptatifs complexes »[66]. Dans chaque cas, un « observateur » est soumis à une multitude de « faits ». Il tente, par essais et erreurs, de les ordonnancer par rapport à un « but », et il enregistre les « réussites ». Celles-ci sont ensuite soumises au test de nouveaux faits dans l'espoir de les confirmer et d'en étendre la portée.

L'activité spécifique de ces systèmes adaptatifs joue un rôle fondamental dans l'élaboration de la complexité. Elle est largement responsable de l'évolution biologique de l'amibe jusqu'à l'être humain. Leur caractéristique fondamentale, à savoir l'utilisation de l'expérience du passé pour améliorer l'efficacité du comportement, est transmise de génération en génération. Lente au début, la capacité d'apprendre prend progressivement de l'élan. Elle s'accélère et, par un effet « boule de neige », provoque en certains cas une croissance quasi exponentielle. Nos migrateurs en ont certainement largement profité.

Où et comment cette merveilleuse capacité est-elle apparue dans le cosmos ? La croissance de la complexité cosmique implique la formation successivement des nucléons, des atomes, des molécules, et en parallèle la condensation des galaxies, des étoiles et des planètes. Pourtant aucune de ces structures n'est en mesure d'optimiser son propre comportement. Les protéines et autres molécules géantes issues de l'activité vivante en sont également incapables. À quel moment les systèmes prébiotiques ont-ils commencé à gérer de l'information ? Une transition continue à partir de formes primitives jusqu'à la sophistication des systèmes adaptatifs contemporains paraît vraisemblable. Ce problème est sans doute intimement lié à celui de l'origine de la vie.

Le savoir qui sait qu'il sait

> Le mille-pattes était heureux, très heureux.
> Jusqu'au jour où un crapaud facétieux
> Lui demanda : « Dis-moi, je t'en prie,
> Dans quel ordre mets-tu les pattes ? »
> Cela le préoccupa tant et tant
> Qu'il ne savait plus comment faire,
> Et qu'il resta immobilisé dans son trou.
>
> Fable chinoise

L'homme antique ignore tout des merveilleuses prouesses de son propre corps. La circulation du sang a été découverte au XVIIe siècle. L'élucidation des étapes de la digestion date de moins de cent ans.

On peut considérer l'entreprise scientifique dans son ensemble comme un immense système adaptatif complexe. Dans chacune des branches de la science, par une méthodologie d'essais et d'erreurs, les chercheurs tentent de percer les « secrets » de la nature. Ce nouveau savoir, qui « sait qu'il sait », s'est élaboré au cours des siècles par un dialogue fructueux entre observations, intuitions et théories. Dans l'esprit de la fable chinoise, les scientifiques préparent un « manuel d'instructions » pour le malheureux mille-pattes enfermé dans son trou.

Ce savoir conscient est encore bien mince face à celui « qui ne sait pas qu'il sait ». Les migrateurs sont là pour nous le rappeler. Pourtant il possède sur celui-ci plusieurs avantages. D'abord la vitesse : on a élucidé en quelques siècles des comportements que le savoir génétique a mis des centaines de millions d'années à développer. Ensuite la flexibilité : il peut rapidement s'adapter et corriger des situations menaçantes. Les recherches d'antibiotiques et de vaccins nouveaux en sont des applications.

En contrepartie il entraîne des risques importants. La science et la technologie modernes menacent l'avenir de la planète. Ici la rapidité des développements devient problématique. L'« effet de serre » nous en donne un exemple. Les changements de climats sont des phénomènes fréquents sur notre planète. Les périodes glaciaires et interglaciaires se succèdent au cours des ères. La nature s'adapte à des modifications étalées sur de longues périodes. Mais le rythme forcené des avancées techniques contemporaines exige des délais d'adaptation excessivement courts. L'accroissement rapide de la quantité de gaz carbonique dans notre atmosphère depuis quelques décennies est au centre des préoccupations contemporaines. Le taux accru des extinctions d'espèces végétales et animales pose de sérieux problèmes à l'équilibre de notre biotope et à l'habitabilité de notre planète. S'il ne s'adapte pas, le « savoir qui sait qu'il sait » pourrait bien ne plus rien savoir !

Controverses 6

Tout au long de ce livre la thèse d'une évolution de la matière et d'une croissance de la complexité a été adoptée et illustrée. Pourtant cette idée est loin de faire l'unanimité. Les réactions couvrent un large spectre, de la sympathie avouée jusqu'au rejet méprisant. Dans ce chapitre je présenterai quelques éléments de cette controverse à travers des prises de position opposées adoptées par différents auteurs. Nous rencontrerons successivement Stephen Jay Gould, Murray Gell-Mann, Richard Dawkins et Francis Crick, avec en contrepoint, les réflexions d'Henri Bergson.

Merci à la météorite !

Stephen Jay Gould est un personnage haut en couleur. La lecture de ses livres est toujours rafraîchissante. Sous sa plume, la biologie trouve une nouvelle verdeur. Évolutionniste convaincu mais lucide, il s'oppose au dogmatisme de certains confrères et entend redonner à la théorie darwinienne l'ouverture d'esprit essentielle à toute démarche scientifique convaincante.

Gould exclut de l'évolution la notion de « progrès ». Le lion de la savane africaine, dit-il, n'est pas mieux « adapté » à son milieu que la bactérie de nos bouillons de culture. Sur ce point on ne peut qu'être d'accord avec lui.

Mais il va plus loin, en remettant en cause l'idée d'une évolution « fléchée » qui mènerait de l'amibe à l'être humain. Dans son livre *La vie est belle*, il jette un regard plus que sceptique sur l'image traditionnelle de l'« arbre évolutif », inscrit dans nos manuels de biologie. Dans ce schéma, rappelons-le, des rameaux multiples divergent d'un tronc commun et se

Ce petit animal aux formes étranges habitait notre planète il y a 520 millions d'années. On l'a retrouvé, fossilisé, dans un dépôt géologique à Burgess Shale, au Canada.

ramifient en une multitude d'espèces. Sur la plus haute branche nichent les hominiens, légèrement au-dessus de leurs cousins les singes. Une séquence dessinée illustrant le passage de la quadrupédie et du crâne simien à la bipédie et au beau front intelligent – généralement celui du mâle blanc ! – accompagne la plupart du temps ce diagramme.

À Burgess Shale, dans les montagnes Rocheuses canadiennes, on a mis au jour un dépôt de fossiles marins de 520 millions d'années. Selon Gould, les espèces animales trouvées à Burgess correspondent très rarement à des ancêtres évolutifs des organismes contemporains. La quasi-totalité de ces lignées antiques a disparu sans laisser de traces. Seul un petit organisme nommé « Pikaia » pourrait être notre ancêtre de cette époque. D'où la conclusion de Gould : si Pikaia n'avait pas survécu, les hominiens ne seraient pas apparus sur la Terre.

Dans la même veine, il évoque la disparition brutale des dinosaures, vraisemblablement provoquée par la chute d'une météorite géante *(page 58)*. Il reprend à son compte l'hypothèse selon laquelle cette hécatombe aurait laissé libre cours à l'évolution des mammifères. Imaginons, dit Gould, de « rembobiner » le film de l'évolution jusqu'à 65 millions d'années en arrière. Supposons que, par un effet gravitationnel imprévu, la météorite meurtrière rate la Terre. Puis repassons le film. Les dinosaures sont toujours là ; les mammifères n'ont pas évolué, ne se sont pas ramifiés et… n'ont pas donné naissance aux hominiens. Conclusion de Gould : rien ne prédestinait la conscience humaine à apparaître dans la biosphère. Rendons grâce à la pierre céleste qui a eu le bon goût de frapper notre planète ! Évoquons à nouveau le soulèvement de l'Est africain il y a une dizaine de millions d'années *(page 60)*. Selon certains archéologues[67], cet événement aurait joué un rôle fondamental dans l'hominisation des simiens. Heureux mouvement de la plaque africaine qui aurait forcé les hominiens à se tenir debout !

Résumons la thèse de Gould : loin d'être déterminée, l'évolution biologique serait entièrement soumise à des événements fortuits : elle serait parfaitement *contingente* et n'irait nulle part[68]. Il n'y a pas de « flèche ».

Cette position radicale soulève beaucoup d'émotions. Notre existence tiendrait à un caillou erratique et à une plaque géologique facétieuse ! Que reste-t-il de nos interrogations métaphysiques si tout se joue sur l'orbite chaotique d'un astéroïde ou sur les aléas des mouvements de convection du magma terrestre ? L'« insoutenable légèreté » de notre être nous pince le cœur.

Faire sauter les verrous

Au chapitre 4 nous avons imaginé la présence d'un scientifique placé en observation aux premiers temps du cosmos. Nous lui avons donné pour mission de chercher à prévoir le déroulement de l'Univers à partir de ses seules connaissances de physique. Munissons-le maintenant d'une (encore bien hypothétique !) théorie de « l'origine de la vie ». Question : aurait-il pu dresser, aux premiers âges de la planète, l'arbre darwinien des espèces végétales et animales ? Avec notre ami Gould nous pouvons, sans hésiter, répondre par la négative.

Pourtant cette réponse est loin de clore le débat. La négation du déterminisme biologique n'impose pas nécessairement l'idée d'une évolution purement contingente. Entre une progression linéaire et programmée, métamorphosant inexorablement l'algue bleue en l'homme, et une séquence aléatoire d'événements fortuits conduisant à une évolution globalement erratique, il y a place pour des scénarios plus souples et, me semble-t-il, plus réalistes [69].

Prenons par exemple l'aptitude à voler. Peut-être découvrirons-nous un jour le rôle dominant joué par tel ou tel accident dans le processus évolutif de son émergence. On serait alors tenté d'affirmer avec Gould que le vol est parfaitement contingent, que, sans cet accident, aucun rossignol ne viendrait enchanter nos nuits de printemps.

Pourtant il nous faut mentionner un fait hautement significatif : *la faculté de voler est apparue indépendamment plusieurs fois au cours de l'évolution*. Des techniques de vol fort différentes existent chez plusieurs lignées animales : oiseaux, chauves-souris, insectes, poissons volants. Malgré la variété de leurs structures, elles ont une caractéristique commune : elles s'élèvent dans les airs.

Le vol est un avantage adaptatif majeur dans un monde où sévit la compétition. Aucune « programmation » de l'apparition du vol n'est requise, aucune détermination préalable. Son existence repose sur deux éléments essentiels. D'abord, contrairement aux affirmations d'Ovide, le vol est physiquement possible ; il ne tient pas du miracle. Un grand nombre de combinaisons moléculaires et de transformations physiologiques peuvent élaborer des machines volantes. Ensuite, il est « utile » et donc primé par les processus évolutifs. Si cela rate ici, cela marchera ailleurs ! À ce titre, il est possible qu'il réapparaisse, au hasard des accidents, dans les cendres refroidies des bouleversements cataclysmiques. Que des comètes ébranlent la Terre et exterminent une fraction majeure des vivants n'y change rien.

Selon une terminologie présentée au chapitre 4, le développement de la vie implique à la fois de la *convergence* et de la *contingence*. La logistique de la survie entraîne une convergence des phénomènes biologiques vers le développement de certains comportements vitaux. La forme précise que prennent ces évolutions est contingente aux conditions physiques qui la voient se produire.

Le fil rembobiné de Gould présenterait sans doute une séquence évolutive différente, une autre faune, une autre flore. Mais le vol, vraisemblablement, émergerait à nouveau

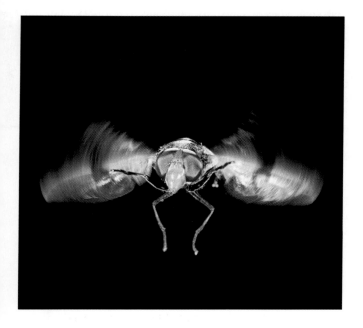

Des techniques de vol différentes apparaissent au long de l'évolution biologique.

chez des espèces certes différentes mais toujours confrontées à la logistique de la survie. Ainsi en est-il de l'élaboration du cerveau, présent à la fois chez les primates, les dauphins, les pieuvres et les calmars. Et aussi de l'œil, de l'oreille, du nez, de tout ce qui permet de manger et de ne pas être mangé !

Revenons au petit Pikaia de Burgess Shale, notre attendrissant ancêtre d'il y a 520 millions d'années, tout entier occupé à survivre sans soupçonner les débats dont il sera l'objet ! Question : si sa lignée avait été exterminée, comme celle de ses confrères, l'intelligence serait-elle apparue quand même sur notre planète ? Définissons provisoirement l'intelligence comme la capacité de stocker et de manipuler des images mentales. Comme la vision, cette aptitude se retrouve, à des niveaux plus ou moins développés, chez plusieurs lignées animales. Les études éthologiques contemporaines ont mis en évidence des capacités intellectuelles non seulement chez de nombreux mammifères, mais également chez certains oiseaux. Si le petit Pikaia avait été exterminé, l'être humain n'existerait peut-être pas mais d'autres espèces pourraient être détentrices de la faculté de « comprendre ». Comme le vol, l'intelligence est à la fois possible et utile. Elle est porteuse d'un avantage adaptatif considérable. En ce sens, on peut parler d'une convergence privilégiant l'apparition de l'intelligence.

À l'affirmation de Gould l'intelligence est apparue *grâce* à l'astéroïde, on pourrait substituer « l'astéroïde a fait "sauter un verrou" ». Il a neutralisé l'influence négative des grands sauriens sur l'évolution des mammifères. De même la faille africaine, en desséchant l'est du continent, aurait contraint nos ancêtres à mettre en œuvre les potentialités de leur cerveau.

Notre théoricien de l'origine de la vie nous parlerait de l'existence plausible d'autres biosphères dans la galaxie. Il décrirait dans leurs grandes lignes les parcours de leurs évolutions biologiques. Pourtant la présence de mes oies sauvages dans le ciel québécois lui resterait imprévisible, tout comme ma propre existence. Mes parents auraient pu ne pas se rencontrer. Et pour un spermatozoïde heureux, combien de frustrés…

Reprenons notre analyse des ferments de la complexité cosmique. Ces notions de convergence et de contingence se retrouvent aussi bien dans le comportement de la matière inerte que dans celui de la matière vivante. L'image de l'eau qui bout nous en a donné une belle illustration *(page 125)*.

Rembobinons le film de la naissance du Soleil et repassons-le. La nébuleuse protosolaire errant dans l'espace interstellaire reproduira-t-elle très exactement la séquence des événements qui ont donné naissance au système solaire ? Retrouverons-nous le cortège planétaire tel que décrit dans les manuels d'astronomie ? Très improbable. Pourtant il y a fort à parier que, tôt ou tard, le nuage s'effondrera, donnant naissance à des étoiles avec, peut-être, des planètes, des astéroïdes et des comètes plus ou moins semblables à ceux qui sont en orbite autour de notre Soleil.

Probabilités et chronologie

À propos d'une population de poissons aux nageoires particulières qui ont donné naissance aux amphibiens, Gould écrit : « Si elle était disparue prématurément, les continents ne seraient probablement habités que par des insectes et des fleurs. » Il affirme pour justifier son opinion : « Le passage de l'eau à la terre ferme n'était pas un événement probable. » L'usage des arguments de probabilité est toujours sujet à caution. Sur notre planète la vie s'est établie partout. Les milieux les plus hostiles sont habités par des organismes munis de systèmes d'adaptation époustouflants. Les déserts arides, les régions arctiques glaciales, les obscures fosses abyssales au voisinage des cheminées volcaniques sous-marines, fourmillent d'espèces vivantes. Ce foisonnement paraît peu compatible avec la thèse de Gould. Tôt ou tard les continents auraient vraisemblablement été envahis par de nouveaux organismes profitant à leur tour d'« accidents heureux ».

Cette omniprésence de la vie est une conséquence naturelle de la compétition et de la pression des exigences vitales. Quand toutes les niches écologiques sont occupées, on en invente de nouvelles en s'adaptant à des conditions de plus en plus hostiles. L'histoire des migrations humaines nous en fournit de nombreux exemples.

Des pressions analogues exercées par les Indiens du Québec ont forcé les Esquimaux, exclus de leur territoire, à survivre dans la rigueur des régions arctiques. Si les poissons ancêtres des amphibiens avaient été décimés, d'autres organismes vraisemblablement auraient pris leur place.

Poussés par l'aiguillon de la survie, les vivants ont une tendance à utiliser au maximum les phénomènes naturels (convergence), mais personne ne saurait en décrire à l'avance les multiples modalités (contingence).

L'humoriste américain Mark Twain aimait tourner en ridicule la prétention des humains à avoir une importance quelconque dans le phénomène de la vie terrestre. La durée de l'humanité, écrit-il, est à la durée de la vie sur la Terre, comme l'épaisseur de la couche de peinture au sommet de la tour Eiffel à la hauteur de la tour elle-même[70]. Pas plus que la tour Eiffel n'a été construite pour sa dernière couche de peinture, la Terre n'a été créée pour l'homme[71].

Gould reprend cet argument avec une chronologie plus détaillée. La vie sur la Terre apparaît il y a environ 3,5 milliards d'années. Depuis cette époque, les nappes aquatiques foisonnent de minuscules êtres vivants composés d'une cellule unique. Les premiers organismes multicellulaires (méduses, oursins, poissons) n'apparaissent que trois milliards d'années plus tard. Les hominiens n'existent que depuis quelques millions d'années, soit un millième de la durée de la vie sur la Terre ! Cette lenteur initiale de l'évolution biologique est pour Gould un nouvel argument contre l'idée d'un « fléchage biologique ». Il y voit plutôt la preuve d'un processus chaotique marqué de soubresauts improbables.

Une comparaison nous sera utile. Les machines à calculer sont nées il y a un peu plus de trois siècles[72]. Au départ cette technologie progresse avec une grande lenteur. Mes premiers souvenirs d'astronomie me ramènent à l'observatoire de Victoria, où, jeune étudiant, je passais les nuits nuageuses à calculer des orbites d'étoiles doubles. La manivelle de la calculatrice me laissait au petit matin des crampes au poignet... Quand j'ai fait mon doctorat, quelques années plus tard, les machines IBM occupaient des pièces entières, mais leurs mémoires très limitées nous interdisaient la plupart des opérations nécessaires à la poursuite de nos recherches. Aujourd'hui nos petits ordinateurs personnels les dépassent en mémoire et en vitesse.

Cet exemple illustre l'accélération progressive d'un bon nombre de processus évolutifs. Après un départ lent et laborieux, on assiste à une croissance de plus en plus rapide. La durée des étapes ne reflète en rien la quantité de progrès accomplis. Les hominiens bénéficient des milliards d'années d'évolution génétique qui ont précédé leur apparition sur la Terre.

Au sujet des premiers temps de la vie terrestre, Gould parle d'une « stagnation à l'état cellulaire ». Les transformations ne sont pas toujours facilement visibles. Les cellules d'il y a trois milliards d'années ne sont que superficiellement semblables à celles d'il y a un milliard d'années. La machinerie moléculaire s'est formidablement améliorée et les performances se sont grandement affinées. Combien d'étapes peu spectaculaires ont été franchies avant d'atteindre les prodiges génétiques des cellules eucaryotes ? La partie cachée de l'iceberg proverbial...

Bricolage

Sur la qualité des stratégies d'adaptation de la nature, les biologistes ne portent pas tous un regard très admiratif. Plusieurs chercheurs les ont comparées à celles des bricoleurs. Les solutions, a-t-on dit, sont toujours « de dernière minute ». La nature utilise ce qu'elle a sous la main. Avec du vieux, elle fait du neuf [73].

« Darwin, écrit Gould, a même consacré un livre entier aux orchidées pour montrer que les structures destinées à la fécondation, par l'intermédiaire des insectes, sont bricolées à partir d'éléments dont les ancêtres se servaient dans un autre dessein. Un bon ingénieur aurait certainement fait mieux. Pourquoi, écrit encore Gould, un architecte intelligent aurait-il créé pour la seule Australie l'ordre des marsupiaux, qui joue le même rôle que les mammifères à placenta sur les autres continents ? » De nombreux évolutionnistes en prennent argument pour rejeter l'idée d'un « projet » de la nature.

Manifestement les stratégies de la nature ne sont pas celles que nous préconiserions pour la mise en route d'un projet, par exemple la construction d'une navette spatiale. L'ingénieur travaille avec un plan où toutes les étapes de la fabrication sont inscrites à l'avance. Tout est déterminé. Études de faisabilité, préparation et élaboration des outils, choix des matériaux spécifiques, prévisions détaillées de chacune des opérations, telles sont les expressions que nous avons coutume d'entendre dans les ateliers spécialisés de la Nasa ou de l'Esa[74].

Le bricoleur n'a pas de plan. Il a seulement un objectif : « voler », ou « naviguer sous l'eau ». Tous les moyens sont bons pour y parvenir. Un objet trouvé au hasard pourra faire l'affaire. Son avion est fait de bric et de broc. L'important, c'est qu'il vole. Un autre bricoleur produira un avion différent. Mais il volera également !

Une première réflexion : le bricoleur, certes, ne travaille pas comme l'ingénieur ; il a pourtant une idée en tête. La différence n'est pas dans le but mais dans la façon d'y arriver. Et aussitôt vient une seconde réflexion. La méthode du bricoleur est-elle vraiment inférieure à celle de l'ingénieur ?

L'histoire de la technologie démontre nettement le contraire. Les grandes innovations surgissent beaucoup plus souvent dans les humbles ateliers des bricoleurs que dans les bureaux spécialisés des grandes firmes d'ingénierie. Les exemples sont nombreux. Les premiers télescopes et microscopes ont été bricolés par des artisans hollandais avec des lentilles et des montages de fortune. Quand j'étais étudiant à Cornell, nos professeurs nous parlaient d'un autodidacte grec nommé Chrystophilos, inventeur d'un modèle d'accélérateur utilisé maintenant dans le monde entier. Faute de diplôme, il n'a jamais réussi à faire breveter son invention. Dans l'industrie humaine, la période des planifications systématiques vient après la période des bricoleurs. Sans eux on ne serait pas sorti du paléolithique. L'atelier du bricoleur est un haut lieu de créativité.

Ces réflexions nous ramènent aux discussions des sections précédentes, sur le rôle des informations nécessaires et contingentes, et en définitive sur l'interaction subtile entre le hasard et la nécessité dans l'élaboration de la complexité. Entre la réalisation rigide du plan de l'ingénieur et une séquence erratique d'événements aléatoires, il y a place pour le cours inventif. Entre une vision entièrement déterministe et une vision entièrement contingente du processus évolutif, il y a la place pour le bricolage. Nous en présenterons maintenant un exemple adapté au thème de ce livre.

Les oiseaux sont des dinosaures bricolés…

« D'où viennent-ils ? » avons-nous demandé en admirant la majestueuse progression des vols d'oies sauvages dans le ciel d'automne. Les réponses sont multiples. Elles impliquent différents épisodes de notre histoire. À l'échelle de milliards d'années, leur origine se raconte en termes de galaxies, d'étoiles, d'atomes, de molécules, de planètes, d'astéroïdes, de comètes, etc. À l'échelle de quelques heures les oies viennent des régions arctiques. Nous allons maintenant nous intéresser à leur apparition dans le courant de l'évolution biologique au cours des dernières centaines de millions d'années.

On admet aujourd'hui que la météorite mexicaine d'il y a 65 millions d'années n'a pas exterminé tous les dinosaures. Certains ont survécu à la catastrophe pour donner naissance à nos oiseaux. À première vue l'idée paraît incongrue. Comment imaginer que nos délicats et charmants voisins ailés puissent provenir de ces bêtes monstrueuses qui terrorisaient nos petits ancêtres mammifères (sinon en réalité, du moins au cinéma…) ? On associerait plus facilement leurs descendants aux crocodiles et aux alligators dans leurs marécages qu'à notre émouvant rouge-gorge chantant dans nos cerisiers en fleur…

Mais les apparences peuvent être trompeuses. Une impressionnante quantité de caractères communs relient nos oiseaux[75] à une variété de dinosaures appelés « théropodes ». De petites dimensions et marchant sur deux pattes, ils ont des os creux, un long cou et des œufs dont les coquilles ressemblent beaucoup à celles des œufs de nos poules. Certaines variétés possèdent des plumes, dont nous ne connaissons pas l'utilité. Peut-être se tenir chaud, ou encore parader comme les paons ?

Comment ont-ils appris à voler ? Selon la version la plus populaire, c'est en étendant les bras pour maintenir l'équilibre en course rapide (comme les poules effrayées dans le poulailler). Faites l'expérience suivante. En voiture, sortez la

Nos oiseaux sont des descendants de dinosaures qui ont survécu à l'impact météoritique d'il y a 65 millions d'années. Ce diagramme généalogique montre l'évolution de la lignée des dinosaures qui a engendré les oiseaux.

THEROPODA
Trois orteils fonctionnels ; os creux

SAURISCHIA

DINOSAURIA

main par la fenêtre et inclinez-la lentement à l'oblique ; vous sentirez une poussée vers le haut. C'est la « portance », qui maintient les avions en l'air. Grâce à elle, les théropodes effectuaient des sauts prolongés. Mais, sans ailes véritables, leurs envols étaient forcément limités.

Une séquence de fossiles aux formes intermédiaires entre ces théropodes et nos oiseaux illustre magnifiquement le bricolage de la nature. Les doigts de la main se transforment et fusionnent en une aile. Les plumes élargissent la surface des membres, augmentant considérablement la portance. La mobilité des bras a changé de fonction ; elle ne sert plus, comme auparavant, à attraper des proies mais à battre des ailes pour accélérer le mouvement. La partie de l'aile portée par le pouce contrôle le vol à faible vitesse. Les membres antérieurs s'allongent ; les os du squelette s'allègent. Le premier orteil s'incurve en forme de crochet pour se percher aux branches. La queue se raccourcit, se rigidifie, se couvre de plumes et devient un balancier efficace pour le vol.

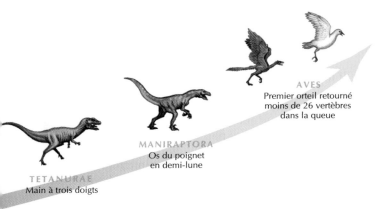

AVES
Premier orteil retourné
moins de 26 vertèbres
dans la queue

MANIRAPTORA
Os du poignet
en demi-lune

TETANURAE
Main à trois doigts

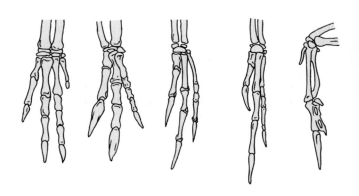

Au cours de la transformation des petits dinosaures en oiseaux, la main et le poignet se sont considérablement modifiés. De gauche à droite, certains doigts disparaissent, d'autres fusionnent pour constituer l'ossature de l'aile.

L'immense variété de nos oiseaux contemporains émerge de ce bricolage des dinosaures qui ont survécu à l'hécatombe de Chixculub… Quel bel exemple de la créativité de la nature !

Il n'y a rien là

De l'amibe au mammifère pour le biologiste, du quark au cerveau humain pour l'astrophysicien, qui niera la progression du plus simple au plus élaboré ? « Croissance de la complexité, certes, disent certains auteurs, et alors ! » Pour eux, ce phénomène ne mériterait aucune interrogation métaphysique. Pour employer une expression populaire au Québec, « il n'y a rien là ».

« Sans nier que les créatures les plus complexes tendent à le devenir de plus en plus avec le temps, il faut y voir, selon Gould, une expansion à partir de l'inévitable simplicité des débuts plutôt qu'une poussée nécessaire et prévisible vers des états d'organisation de plus en plus élevés. « Pour des *raisons chimiques*, argumente-t-il, la vie apparaît à la limite inférieure concevable de la complexité requise pour se perpétuer. On ne peut pas commencer avec un lion. On commence avec quelque chose de vraiment simple, un simple précurseur. Et si on commence là, il n'y a pas de place en dessous pour une complexité inférieure. *Si la vie doit s'étendre*, elle va à l'occasion ajouter plus de complexité. Il y a une poussée dans cette direction ; c'est tout simplement l'expansion biologique[76]. » Bref, selon lui, cette transformation était inévitable. Puisque la vie, au départ, est caractérisée par une faible complexité, elle ne peut aller que dans la direction d'une complexité plus grande. Cela tient de l'évidence, à la limite de la banalité !

Murray Gell-Mann, l'un des grands noms de la physique moderne, a participé à de nombreuses découvertes marquantes, dont l'existence des quarks. Depuis des années, il s'intéresse au phénomène de la croissance de la complexité ; il est l'un des fondateurs de l'Institute for Complexity déjà évoqué. Admettant la réalité d'une croissance de la complexité au cours des ères, il pose une question : « Cette observation implique-t-elle une *poussée* vers une plus grande complexité ? »

Mettez des puces au centre d'une table et observez leurs mouvements. Elles sautent dans toutes les directions. Plus tard certaines puces reviennent vers le centre tandis que d'autres continuent à s'en éloigner. Elles se répandent partout sur la table. Même si les déplacements individuels sont aléatoires, la surface occupée par les puces s'accroît inexorablement. De même au cours des ères, dit Gell-Mann, certains systèmes accroissent leur complexité alors que d'autres la voient diminuer. Mais comme la surface occupée par les puces, la complexité maximale atteinte à un moment donné ne peut que croître avec le temps. Sa conclusion : rien ne justifie l'idée d'une poussée régulière. Le phénomène de diffusion ajouté à la pression de sélection suffit à rendre compte de ce phénomène. Il n'y a rien là !

Sous-jacente à l'argumentation de ces auteurs, il y a une hypothèse fondamentale non exprimée mais acceptée comme indiscutable : la vie « peut » s'étendre comme les puces « peuvent » s'étaler. À mon sens, la comparaison avec les puces implique déjà la conclusion.

Le plus extraordinaire au regard de la physique contemporaine, ce n'est pas tellement que pour des « raisons chimiques » la vie soit apparue sur la Terre, c'est qu'elle *ait pu apparaître* sur la Terre (ou ailleurs). C'est que les électrons et les quarks de la purée initiale d'il y a 15 milliards d'années aient eu les propriétés requises pour pouvoir s'associer en protéines et en chaînes de nucléotides. C'est qu'il existe des « raisons chimiques » qui puissent donner naissance à la vie et lui permettre de continuer à se déployer.

Reprenons ici un thème développé au chapitre 3. Ce qui paraît naturel, évident, presque banal au biologiste, est pour l'astrophysicien un sujet de grand étonnement et d'interrogation. Les extraordinaires prouesses organisatrices accomplies par la matière en refroidissement – formation des atomes, des molécules, des cellules et des organismes – supposent des lois physiques et des propriétés cosmologiques finement ajustées *(page 92)*. Des univers aux propriétés différentes, simulés par des calculs numériques, ne manifesteraient aucune tendance vers la complexité.

Paraphrasant Gould, on aurait pu dire, face au chaos de la purée initiale : « Si vous commencez là, il n'y a pas de place en dessous pour moins de complexité. » Il en conclut, tout naturellement, qu'on ne peut aller que vers plus de complexité, ignorant la possibilité qu'on puisse aussi bien en rester là. Supposer que l'on doit nécessairement aller vers plus de complexité, c'est faire ingénument l'hypothèse que cette complexité peut advenir. C'est d'ailleurs bien ce qu'implique sa phrase : « Si la vie doit s'étendre… »

L'astrophysique nous dit aujourd'hui que cette hypothèse ne peut en aucun cas être considérée comme évidente, naturelle, allant de soi. Elle est, à proprement parler, stupéfiante. On ne peut la confirmer qu'*a posteriori*. Nous savons que la vie est possible parce que nous sommes en vie.

Bref, pour que la complexité croisse, par diffusion ou autrement, il fallait d'abord qu'elle soit *possible*. C'est-à-dire que les lois de la physique qui gouvernent les interactions entre les particules la permettent[77]. Il fallait que la vie et la pensée soient déjà inscrites dans les potentialités de l'Univers primitif. Sinon toutes les météorites du monde ne feront pas apparaître Mozart parmi la descendance de nos petits ancêtres lémuriens.

Gènes égoïstes

Terminons ce chapitre en mentionnant sur le thème de « il n'y a rien là » deux points de vue encore plus extrêmes. Dans le domaine difficile de l'origine et de l'évolution de la vie, les « idées simples » sont toujours populaires. Enfin on « comprend » !

Les guépards sont adaptés à la capture des gazelles mais les gazelles sont équipées pour leur échapper. L'évolution s'est faite de façon à favoriser la survie de chacune de ces espèces, leur permettant ainsi d'avoir des petits qui atteindront l'âge adulte et auront eux-mêmes des descendants. Selon Richard Dawkins[78], l'activité biologique tendrait entièrement et uniquement vers la transmission de l'ADN. Cette « loi des gènes » régnerait sur tout le monde vivant. Elle serait le moteur de l'évolution et l'explication ultime de tous les comportements animaux, même les plus bizarres. Par là, selon lui, on peut comprendre les finalités apparemment contradictoires du guépard et de la gazelle. Les forces physiques aveugles qui président au comportement des gènes sont fondamentalement indifférentes. L'ADN n'est capable ni de sentiments ni de connaissance. « Il existe et c'est tout. Et nous dansons sur sa musique », ajoute Dawkins.

Plus « simple » encore, Francis Crick, codécouvreur de l'ADN, écrit : « Vos joies et vos peines, vos souvenirs et vos ambitions, vos sentiments d'identité et de liberté, ne sont en fait rien de plus que le comportement d'une vaste assemblée de cellules nerveuses et des molécules qui leur sont associées[79]. »

Ajoutons que peu de scientifiques accepteraient des positions aussi radicales. Le comportement humain est-il uniquement et entièrement régi par la tyrannie des gènes ? Cette affirmation cadre mal avec le partage de la nourriture par les prisonniers des camps de la mort. À l'opposé de cette générosité, la cruauté sadique et les génocides si fréquents dans notre siècle semblent encore échapper à la thèse de Dawkins. Sinon à invoquer des arguments bien peu crédibles. Et qui soutiendrait sérieusement que les peintures de Turner ou la musique de Schubert ne sont que des retombées des impératifs génétiques ?

Plutôt qu'une explication ultime, la thèse de Dawkins est une vision de l'évolution à partir d'un angle spécifique : celui des gènes. Adoptant temporairement ce point de vue, on pourrait demander : « Pourquoi cette détermination forcenée à se reproduire et à mettre tout en œuvre pour y arriver ? » Le comportement des gènes est, en définitive, une manifestation de la vitalité de la vie terrestre. Mais en expliquant la puissance des impératifs génétiques par la vitalité de la vie et celle-ci par la détermination des gènes, on tourne en rond. Les deux questions doivent être abordées ensemble. La transmission génétique est l'expression concrète de la puissance vitale. Qu'est-ce qui donne à la vie cette puissante aptitude à survivre et à se perpétuer ?

On pourrait arguer que sans ces mécanismes de transmission de l'ADN la Terre serait depuis longtemps stérile. La loi des gènes est une condition nécessaire à la pérennité de la vie terrestre. Mais comment cette stratégie est-elle apparue chez les vivants ? Retour à la sempiternelle question : « Comment l'évolution prébiotique a-t-elle élaboré les éléments et les réactions chimiques qui garantissent l'application de cette loi ? » En d'autres mots, comment la matière inerte a-t-elle donné naissance à des formes vivantes sur la Terre il y a quelque 4 milliards d'années ? Toutes ces questions sont évidemment intimement entremêlées, mais les réponses convaincantes se font toujours attendre…

Intimes convictions

Cette dernière section sera l'occasion d'une vision à la fois plus globale et plus personnelle des thèmes de cet ouvrage. J'aime l'expression « intimes convictions » ; j'en ai fait le titre d'un de mes livres. Elle englobe des idées auxquelles nous sommes attachés d'une façon quasi sentimentale. Sans savoir pourquoi nous y tenons tellement ni comment les justifier vraiment, nous les retrouvons régulièrement dans nos parcours de réflexion.

Un mot de prudence s'impose : les intimes convictions, souvent, ne cachent rien d'autre que des préjugés et servent surtout à nous rassurer. En contrepartie, elles libèrent de toute obligation de preuves. La subjectivité ainsi reconnue est une des forces de cette démarche. Elle laisse parler à la fois l'intelligence du cœur et celle de la raison (selon l'expression chère à Pascal), toutes deux imprégnées du vécu antérieur.

Comme une poussée de lave au travers du granit

Il y a sur le Mont-Royal, au Québec, un immense amphi-théâtre rocheux qu'enfants nous appelions « la carrière ». Sur plusieurs dizaines de mètres de hauteur, les entrailles de la Terre s'y laissent voir, éventrées par la dynamite des marchands de pierres. Un foisonnement de veines noires, minces ou larges, entrecoupe les grises façades granitiques.

Ces fresques minéralogiques inscrites sur les surfaces verticales me fascinaient et me posaient problème. Muni d'un marteau et d'un burin, j'avais pu entailler la pierre et me convaincre que ces artères basaltiques s'encastraient en profondeur dans le matériau rocheux. Mais comment de telles intrusions avaient-elles pu se produire et s'insérer dans le dur granit ? Combien d'hypothèses ai-je inventées pour comprendre l'origine de ce mystérieux entrelacs noirâtre figé dans la grisaille du spectacle minéral ?

La réponse m'est venue plus tard, pendant un cours de géologie. La région montréalaise a été, il y a plusieurs mil-

lions d'années, le lieu d'un intense volcanisme. Il faut imaginer, sous la couche de granit solide, un lac de pierre en
fusion. Poussée par la pression de la chaleur terrestre, la lave
cherche à s'échapper. Bouillonnante et fumante, elle s'in-
filtre dans toutes les failles et profite de la moindre crevasse.
Les strates étanches l'obligent à s'étaler à l'horizontale et
retardent sa progression. Mais pour un temps seulement.
Elle pénètre, en les forçant, les plus minces fractures pour
reprendre son inexorable cheminement vers le haut. De
proche en proche, d'occasion en occasion, elle atteint le
sommet de la montagne, laissant derrière elle, imprimé dans
le granit, le dessin noirâtre de ses trajectoires arborescentes.

L'origine des phénomènes volcaniques nous est maintenant connue. La Terre, à sa naissance, incorpore quelques
éléments radioactifs formés par des générations d'étoiles
antérieures. Tout au long des ères, ces atomes (uranium, thorium, potassium radioactif) se désintègrent et chauffent la
masse planétaire. Cette chaleur provoque la formation de
poches de lave irrésistiblement poussées par leur propre
pression thermique vers la surface terrestre.

Cette explication, tout aussi satisfaisante qu'elle soit, est
pourtant impuissante à rendre compte avec précision des
configurations blanches et noires incrustées dans la paroi de
la carrière. Nous retrouvons une fois de plus la notion de
convergence – la lave tente de monter – et de contingence
– son trajet dépend d'accidents imprimés par l'histoire antérieure : écoulements volcaniques, stratification des couches
et localisation des failles dans le réseau minéral.

Levain cosmique

J'aime voir dans la poussée aveugle de la pierre en fusion
une image du comportement de la nature tout au long de
l'histoire du cosmos. Poussée par ce qu'on pourrait appeler
(faute d'un meilleur terme) un puissant levain cosmique,
la matière tend à atteindre des états de plus en plus structu-
rés. Nous retrouvons ici notre vieil ami Aristote, cité au
premier chapitre. Ses propos prennent maintenant des réso-

nances nouvelles. Relisons-les dans ce contexte : « Dans la nature, une sorte d'art est à l'œuvre, une sorte de capacité technique orientée qui travaille la matière du dedans. La forme s'empare de la matière, elle refoule l'indétermination. » Qui dit mieux ?

Les mots « une sorte de capacité technique » ne sont pas sans nous faire penser aux nombreuses « coïncidences » rencontrées tout au long de ce livre et discutées *(pages 92-94)*. Que les propriétés des forces qui structurent l'Univers soient exactement spécifiées par une hypothétique théorie ultime, ou qu'elles aient été établies historiquement dans la contingence des transitions de phase primordiales, il reste un fait indéniable : la matière des premiers temps possédait la « capacité technique » de refouler l'indétermination. La preuve, c'est qu'elle l'a fait !

L'évolution subséquente de l'Univers peut se décrire comme une actualisation progressive de ces potentialités de la matière cosmique. Quand les conditions sont décidément trop adverses, comme à la surface de la Lune, la vie ne peut éclore. Mais à la moindre chance, tout (hasard et nécessité, lois déterministes et événements aléatoires, convergence et contingence, pierres célestes et soubresauts de la couche terrestre) est mis à profit pour organiser la matière et amener le bourgeonnement de la vie. Cette actualisation n'a nullement besoin d'être programmée et prédéterminée. Elle se produit graduellement en faisant intervenir d'innombrables événements dont aucun n'était *a priori* nécessaire. La tension organisatrice profite de chaque « faille dans le rocher » pour se glisser toujours plus haut. Elle nous intègre dans une histoire du monde [80].

Ce levain cosmique utilise à fond les forces de la nature. Il « fait feu de tout bois ». Sous son action, les atomes d'hydrogène et d'oxygène s'associent pour faire des molécules d'eau dans les débris d'étoiles explosées, et les cellules se fédèrent en organismes multicellulaires dans l'océan primitif de la Terre. Grâce à la chute d'une météorite au Mexique, il y a 65 millions d'années, les mammifères se différencient et, dans leur lignée évolutive, apparaît le cerveau humain. Ce levain cosmique, nous le portons en nous. Il nous incite à poursuivre et à promouvoir, à notre petite échelle et pendant notre brève existence, la merveilleuse odyssée de la complexité cosmique[81].

Ce livre, je le rappelle, est né d'une rencontre avec des jeunes gens démobilisés et suicidaires au Québec. J'ai raconté l'importance pour moi de cet événement pendant mes graves ennuis de santé de l'année 1997. En guise de gratitude, je leur propose l'exercice suivant : les yeux clos, revoyez intérieurement la multitude des événements cosmiques, galactiques, stellaires, planétaires, cométaires, directement impliqués dans notre présence ici en ce moment. Cette rétrospective vous dira combien votre existence est précieuse. Elle vous permettra, du moins je l'espère, de reprendre contact avec ce levain cosmique, présent en chacun de nous comme dans chaque brin d'herbe.

Notes

1. Jeanne Hersch, *L'Étonnement philosophique*, Gallimard, coll. « Folio essais », 1993.

2. Autre exercice dans le même esprit. À table, observez vos voisins : avec quelle dextérité chacun porte la nourriture à sa bouche, sans jamais rater l'invisible objectif ! La purée dégoulinante sur le menton des bébés nous rappelle l'exploit que cela représente. Le temps et les efforts qu'il a fallu pour maîtriser ce geste.

Refaites le geste. Essayez de retrouver l'incertitude de vos premiers essais. Les innombrables bouchées prises tout au long de notre vie assurent la précision de nos gestes d'aujourd'hui. Au même titre que l'automatisme du cœur qui bat, les gestes appris nous relient à notre lointain passé.

3. Dans *Par-delà bien et mal*.

4. Voir Nicolas Prantzos, *Voyage dans le futur*, Éditions du Seuil, coll. « Science ouverte », 1998.

5. Dans une première version de ce texte, en 1992, j'avais écrit : « Et l'élaboration d'êtres vivants en laboratoire appartient au domaine du cinéma fantastique. » En 1997, Molly la brebis m'a obligé à réviser cette position.

6. Voici quelques définitions de la complexité présentées à l'Institute for Complexity, de Santa Fe.

– La complexité est équivalente à l'information, c'est-à-dire à la capacité de « surprendre » ou d'informer un observateur.

– La complexité est équivalente au degré de détail qu'un système montre à des échelles toujours plus petites.

– La complexité est équivalente au degré de « régularité » (plutôt qu'au degré d'aléatoire) qui se manifeste dans un système.

– La complexité est équivalente à la diversité déployée par les différents niveaux d'un système structuré d'une façon hiérarchique.

– La complexité se mesure au degré d'universalité du langage requis pour décrire un système.

– La complexité est équivalente à la quantité de ressources thermodynamiques requises pour bâtir un système à partir de ses éléments constitutifs.

– La complexité est équivalente à la quantité d'information requise par un ordinateur pour décrire un système.

7. Rappelons qu'une année-lumière équivaut à dix mille milliards de kilomètres !

8. « … que la terre lui [l'être humain] paraisse comme un point au prix du vaste tour que cet astre décrit et qu'il s'étonne de ce que ce vaste tour lui-même n'est qu'une pointe très délicate à l'égard de celui que les astres qui roulent dans le firmament embrassent.[…] Qu'est-ce qu'un homme dans l'infini ?

Mais, pour lui présenter un autre prodige aussi étonnant, qu'il recherche dans ce qu'il connaît les choses les plus délicates. Qu'un ciron [un insecte minuscule, acarien du fromage] lui offre dans la petitesse de son corps des parties incomparablement plus petites, des jambes avec des jointures, des veines dans ces jambes, du sang dans ces veines, des humeurs dans ce sang, des gouttes dans ces humeurs, des vapeurs dans ces gouttes ; que, divisant encore ces dernières choses, il épuise ses forces en ces conceptions, […] il pensera peut-être que c'est là l'extrême petitesse de la nature. […]

[…] entre ces deux abîmes de l'infini et du néant, il tremblera dans la vue de ces merveilles… » (Pascal, *Pensées*, « Misère de l'homme sans Dieu », 72.)

9. Je remercie Guy Raimbault, maçon à Malicorne, pour les longues promenades matinales où j'appris à reconnaître de nombreux oiseaux et leurs chants.

10. Si la Terre était à une autre distance de notre astre, l'année aurait une longueur différente. La planète Vénus, par exemple, plus proche du Soleil, a une « année » plus courte, qui équivaut à 225 de nos jours. Jupiter, beaucoup plus éloigné, met plus de dix de nos ans à parcourir son orbite.

De même, avec une distance Terre-Soleil identique mais avec une masse du Soleil différente, notre année terrestre n'aurait pas la même durée. Un Soleil moins massif imposerait une année terrestre plus longue que notre année familière. Un Soleil plus massif, une année plus courte.

Nous pensons que des cortèges planétaires existent, nombreux, dans notre galaxie. Des observations récentes le confirment.

Les lois de la physique, nous en avons de multiples preuves, sont les mêmes partout. Comme dans notre système solaire, les périodes de ces hypothétiques planètes lointaines sont déterminées à la fois par la masse de leur astre central et par la distance dont elles en sont séparées. Ces durées s'échelonnent vraisemblablement entre quelques heures et quelques milliers de nos années.

11. Il est de bon ton de parler du « mouvement apparent » du Soleil autour de la Terre en prenant pour acquis que le mouvement « vrai » est celui de la Terre autour du Soleil. Question : « Est-ce le Soleil qui tourne autour de la Terre ou la Terre qui tourne autour du Soleil ? » La réponse a été donnée par Galilée il y a bientôt quatre cents ans. Cette réponse est : « Comme il vous plaira. » Le mouvement absolu n'existe pas. On se meut par rapport à quelque chose qui, *par définition*, ne se meut pas. On choisit, arbitrairement et conventionnellement, une base qu'on dira immobile et on définira le mouvement des corps *par rapport* à cette base. On n'est pas ici dans le domaine du *savoir* mais dans le domaine de la *convention*.

On peut étudier les mouvements planétaires en prenant comme base immobile notre globe terrestre. Cela marche tout aussi bien que si l'on suppose le Soleil immobile. Mais c'est beaucoup plus compliqué. Au lieu de décrire de simples ellipses, les planètes et les satellites décriront des orbites tarabiscotées. Il est plus *facile*, plus *rapide* et donc plus *commode* de calculer les mouvements des objets de notre cortège planétaire par rapport à notre étoile (encore qu'avec les ordinateurs actuels le gain de rapidité soit devenu insignifiant). En revanche, pour étudier le mouvement de la Lune, on a tout intérêt à tenir la Terre pour immobile. Le mouvement de la Lune autour d'un Soleil tenu comme immobile montrerait une trajectoire hélicoïdale qui ne laisserait pas transparaître la simplicité et l'élégance de la physique newtonienne.

Pour étudier les mouvements des astres dans la galaxie, *on supposera immobile le centre de la galaxie*, autour duquel notre Soleil effectuera alors une rotation en deux cents millions d'années. Mais dans le grand mouvement d'expansion de l'Univers, toutes les galaxies se meuvent les unes par rapport aux autres et aucune n'est le centre fixe du cosmos.

Lors d'une enquête récente, 75 % des Français interrogés auraient affirmé que c'est le Soleil qui tourne autour de la Terre, tandis que 25 % auraient tenu pour certain que c'est la Terre qui tourne autour du Soleil. Les auteurs voulaient y voir la preuve du manque de culture scientifique de nos concitoyens et la faillite de l'enseignement actuel. Certes. Mais la question test révélait, il me semble, une situation encore plus désastreuse. Si l'on en croit les résultats, c'est un total de 100 % des interrogés (75 % + 25 %) qui n'a pas perçu le vrai message de Galilée. L'énoncé « La Terre tourne autour du Soleil » n'est ni plus ni moins vrai que l'énoncé « Le Soleil tourne autour de la Terre ». Il est tout juste plus commode pour faire des calculs. Depuis Galilée et Einstein, nous savons que tout mouvement est par essence relatif. L'origine du mouvement est choisi conventionnellement. En ce sens on peut considérer tout aussi correctement le mouvement du Soleil autour de la Terre que celui de la Terre autour du Soleil.

12. Exercice pédagogique pour bien assimiler cette notion. Le jeu consiste à se placer en imagination alternativement *1)* au-dessus du système solaire, *2)* à la surface de la Terre. Il faut coordonner, dans notre esprit, la vision de l'espace vu du sol avec la vision du sol vu de l'espace. Tout devient clair. Dites-vous, pour vous encourager, que vous êtes en train de résoudre des énigmes demeurées sans solution pendant des millénaires…

Je ne saurais trop encourager le lecteur à redessiner pour lui-même la Terre sur son orbite. Puis à se situer, par la pensée, en un point quelconque de la surface terrestre, telle que présentée par son dessin, se laissant entraîner par la rotation diurne. Il pourra alors reproduire les explications qui vont suivre. L'idéal serait ensuite de les expliquer à une autre personne. C'est la meilleure façon de s'assurer que l'on a bien compris.

Plaçons-nous d'abord au pôle Nord. Quand la Terre parcourt la section dite « été boréal » de son orbite, la rotation diurne ne cache jamais le Soleil. Il reste visible 24 heures sur 24. Les Esquimaux de l'Arctique reçoivent continuellement les rayons solaires, tandis que pour les manchots de l'Antarctique c'est la nuit perpétuelle. La situation s'inverse pendant l'autre partie de l'année. C'est l'« été austral ». Aux latitudes tempérées qui sont les nôtres, la situation est intermédiaire : nuit courte l'été, nuit longue l'hiver.

13. Ces météorites d'origine martienne ont beaucoup fait parler d'elles ces dernières années. Une équipe de la Nasa a prétendu y avoir identifié des traces fossilisées démontrant l'existence d'une vie antérieure sur cette planète. Des études ultérieures n'ont pas confirmé cette affirmation.

14. K. Zahnle et N. H. Sleep, *Comets and the Origin and Evolution of Life*, p. 177, Springer, 1997, éd. P. J. Thomas, Chyba C. F. and C. P. McKay.

15. Selon ces mêmes statistiques, la Terre reçoit avec une fréquence accrue des bolides de plus petites tailles : 20 millions d'années pour des bolides de plus de 5 kilomètres, 300 000 pour des météorites de plus d'un kilomètre, 15 000 ans pour des météorites de plus de 100 mètres, 300 ans pour des météorites de plus de 10 mètres, un an pour celles de plus d'un mètre. Quelle est la probabilité d'être tué par une de ces chutes ? On l'évalue, pour la durée moyenne de la vie humaine, à environ un pour dix mille ! Bien supérieure à celle des accidents d'autos (un pour cent) mais inférieure à celle des accidents d'avions. Ce résultat est pour le moins surprenant ! C'est que ces collisions sont rares, mais leurs dégâts sont énormes !

16. Précisons que cette affirmation est, depuis peu, contestée.

17. Comment réconcilier les cas de collisions galactiques avec le mouvement d'expansion de l'Univers ? De telles collisions ne se produisent qu'entre des galaxies suffisamment rapprochées (quelques millions d'années-lumière au plus) pour que leur force d'attraction mutuelle soit en mesure de « remonter » le courant de l'expansion (comme on parcourt un trottoir roulant en sens inverse de son mouvement).

18. Un trou noir, rappelons-le, est un astre extrêmement condensé dont le champ de gravité empêche l'émission de lumière.

19. Où va la matière qui s'engouffre dans le trou noir ? Elle disparaît entièrement à nos yeux. Elle sort de notre espace-temps. Selon certains auteurs elle pourrait donner naissance à un autre univers, avec son propre espace-temps, ses galaxies, ses étoiles, ses planètes et peut-être ses civilisations.

20. Plusieurs éléments constitutifs ont été abordés dans mes autres livres. La cohérence de cet ouvrage m'oblige à les représenter brièvement.

21. Réponse plus complète pour les initiés : contrairement aux autres forces, ses particules d'échange (les bosons W et Z) sont trop massives pour donner l'aptitude à lier d'autres particules (Voir *Dernières nouvelles du cosmos*, Éditions du Seuil, 2002).

22. Le rôle de la gravité dans ces réchauffements peut s'illustrer par une comparaison entre les comportements respectifs d'une tasse de thé et d'une étoile dans des circonstances analogues. Laissée à elle-même, une tasse de thé chaud dégage sa chaleur et se refroidit, tandis qu'une étoile dégage de la chaleur et se réchauffe ! Pourquoi cette différence de comportement ? La réponse est liée aux masses respectives des deux objets et par conséquent à l'intensité des champs de gravité qui en émanent. L'étoile est beaucoup plus massive que la tasse de thé. Sa gravité joue un rôle important dans sa propre évolution. L'amenant à se contracter sur elle-même, elle la réchauffe progressivement. Elle engendre des écarts de température entre sa structure et l'espace qui l'entoure. Une tasse de thé de la dimension d'une étoile se comporterait comme une étoile.

23. Les renseignements historiques donnés dans ces pages proviennent de plusieurs livres et encyclopédies. Je n'en garantis pas nécessairement la valeur.

24. Les humains sont-ils sensibles au champ magnétique terrestre ? Pour le savoir, Robin Winter, de l'université de Manchester, a bandé les yeux d'un certain nombre d'étudiants, puis, les ayant conduits par des routes tortueuses, leur a demandé d'identifier leur orientation. Les résultats n'ont pas semblé vraiment probants.

25. Il semble que les colonies vivantes qui foisonnent près des cheminées volcaniques sous-marines aient également besoin d'un apport de résidus de vie planctonique provenant de la surface océanique. En ce sens elles dépendraient également de la lumière solaire.

26. Et peut-être aussi à cause de sa trop courte portée.

27. Voir *Dernières nouvelles du cosmos*.

28. Les neutrinos sont des particules sans charges électriques. Ils existent en trois variétés. On a montré récemment que l'une au moins possède une faible masse.

La différence d'interaction entre les photons et les neutrinos est bien illustrée par la comparaison suivante. Au cours des vols intercontinentaux, les compagnies aériennes distribuent des lunettes opaques pour dormir en dépit des lumières de la cabine. Pour absorber un rayonnement de neutrinos, il faudrait des lunettes de plusieurs milliards de kilomètres d'épaisseur…

29. La combinaison de deux protons pour constituer un noyau de deutérium, première étape de la fusion de quatre protons en un noyau d'hélium, exige la transformation préalable d'un proton en un neutron. L'extrême lenteur de la première étape, contrôlée par la force faible, détermine la durée de la vie du Soleil.

30. Il en est de même pour mon ami Trinh Xuan Thuan, dont je recommande le livre *Le Chaos et l'Harmonie*, Fayard, 1998.

31. Les photons émis dans l'étoile sont réabsorbés durant leur périple vers la surface ; les neutrinos se propagent sans problème.

32. De même, l'essence dans votre voiture ne se transforme que partiellement en mouvement. Une fraction importante de cette énergie chimique (électromagnétique) se transforme en chaleur.

33. Par expérience je sais que le mot entropie fait peur : « J'ai tout compris sauf la notion d'entropie, qui m'échappe toujours », me disent parfois les lecteurs. Ces comparaisons, je l'espère, la rendront plus claire. Par extension, on associe le terme d'entropie au degré d'organisation de la matière. Plus une structure est organisée, plus son entropie est faible. À l'opposé, l'entropie des corps isothermes est maximale : les mouvements des particules y sont aléatoires. La croissance de la complexité dans un objet donné implique une diminution progressive de l'entropie de cet objet.

34. La caractéristique des machines thermiques (voiture, locomotive, centrale thermoélectrique…) est d'avoir deux réservoirs à des températures différentes. La qualité de l'énergie ainsi obtenue augmente avec la différence de température. Aucun mouvement, aucun courant électrique ne peut être obtenu si les deux températures sont les mêmes.

35. Cette amélioration de la qualité de l'énergie correspond à une diminution de l'entropie du système. Elle ne peut se produire que si elle est accompagnée d'un accroissement plus important de l'entropie cosmique. Cette amélioration dans un système ouvert accélère la dégradation des énergies universelles.

36. Ce point est subtil. Je renvoie le lecteur à mon livre *Dernières Nouvelles du cosmos*, Éditions du Seuil, 2002, pour une explication.

37. Il vaudrait mieux l'appeler « de grande désunification ».

38. Pour nous familiariser encore mieux avec cette terminologie, plaçons 10 boules noires et 10 boules blanches dans une urne fermée. Il y a « symétrie » entre les boules blanches et les boules noires. Imaginons maintenant que, lorsqu'une boule noire rencontre une boule blanche, elles disparaissent toutes les deux. Après un certain temps il n'y a plus rien dans l'urne.

Simulons maintenant l'effet de la transition de phase en ajoutant une boule blanche dans l'urne. Cet ajout a brisé la symétrie : il y a 11 boules blanches et 10 boules noires. Après les rencontres il reste une boule blanche, qui doit sa survivance à la dissymétrie ainsi provoquée.

39. Ajoutons pour compléter l'analogie avec les Titans que le terme antimatière possède une connotation négative (antigènes, etc.) totalement imméritée. Les deux matières sont, au départ, parfaitement symétriques. Si l'antimatière avait gagné, nous l'appellerions matière, réservant le terme d'antimatière pour la perdante.

40. Les particules instables ne se désintègrent pas toutes en même temps. Leurs disparitions s'échelonnent au long d'une période appelée « durée moyenne ». Le carbone 14, utilisé par les archéologues pour établir l'âge d'une momie, a une durée moyenne de 5 600 ans. Cela signifie qu'après cette période la moitié des noyaux de carbone 14 ont disparu. Après une autre période équivalente, il en restera le quart, etc.

41. La démonstration dépasse largement le niveau scientifique de ce livre. Je l'ai présentée dans *La Première Seconde*.

42. La difficulté de prévoir l'avenir provient de ce que l'on appelle dans le jargon la « sensibilité aux données initiales ». Pour suivre le parcours d'un mobile au moyen d'un programme de calcul, il faut d'abord injecter ses données initiales, c'est-à-dire spécifier sa position et sa vitesse de départ. Par la suite l'ordinateur s'occupe de calculer sa trajectoire. On constate dans certaines circonstances qu'un tout petit changement des données initiales entraîne une énorme variation de la trajectoire suivie. En d'autres mots, deux trajectoires qui au début du calcul seraient très voisines se séparent rapidement l'une de l'autre. En ce cas la trajectoire est dite « chaotique ».

Pourquoi certains phénomènes sont-ils sensibles aux données initiales (c'est-à-dire qu'ils ont un horizon prédictif rapproché) ? Cela se produit quand la source d'un phénomène – ainsi la force qui s'exerce sur le mobile – est elle-même rétroactivement affectée par ce phénomène. Prenons comme exemple le cas des petits satellites de Saturne qui circulent au voisinage de ses anneaux. On les appelle les satellites-bergers parce qu'ils ont pour effet de confiner les anneaux dans certaines régions. Par son attraction un petit satellite modifie la forme des anneaux dans lesquels il navigue. Cette déformation, en déplaçant les masses, modifie à son tour le champ de gravité qui s'exerce sur lui. Son mouvement modifié entraîne une nouvelle déformation de l'orbite, etc. On parle alors d'une situation « non linéaire » ou encore de « boucles de rétroactions ». Une variable dépend d'une autre variable qui dépend elle-même de la première variable. L'amplification de ces effets au cours du temps est la cause de la divergence des trajectoires. Pour certains satellites de Saturne, la distance de l'horizon prédictif se mesure en jours !

43. Ces idées sont formulées pour la première fois au début du siècle par Henri Poincaré. Elles seront amplement confirmées à l'aide des ordinateurs.

44. Conférence donnée à l'Institut d'astrophysique de Paris le 28 février 1997.

45. Joseph Ford, *La Nouvelle Physique*, Paris, Flammarion, coll. « Sciences », 1994, p. 348.

46. Dans ce contexte prédictif, il importe de spécifier le type d'événements que l'on vise. S'intéresse-t-on à l'issue d'un processus individualisé (la trajectoire d'un satellite) ou à des valeurs moyennes prises sur un ensemble de faits (le mouvement d'un essaim de météorites) ? Il est évidemment plus facile de prévoir l'avenir d'un ensemble d'événements : les facéties des trajectoires divergentes se fondent en une moyenne pour donner des résultats plus longtemps prévisibles.

Le cas extrême est celui de l'équilibre thermodynamique. Dans un gaz isotherme en équilibre thermodynamique et chimique, les molécules changent d'énergies, de quantités de mouvement et de nature chimique. Notre connaissance des trajectoires individuelles est rapidement limitée par l'extrême sensibilité aux conditions initiales des équations qui les décrivent. Pourtant, les distributions des vitesses des particules, des amplitudes des ondes de rayonnement et des populations relatives des différentes composantes nous sont parfaitement accessibles. En fait ces résultats sont déterminés par l'énergétique du système. On y retrouve les équations dites d'équilibre (loi d'action de masse, équation de Boltzmann, équations de Saha, etc.), qui ne font intervenir que la comptabilité des différences d'énergie entre les composantes du système.

47. L'énergie correspondante devient de moins en moins utilisable, l'entropie augmente.

48. Cette lenteur de la transformation donne lieu à un autre phénomène capital pour l'évolution du cosmos : la surfusion. Imaginons de refroidir notre eau à un rythme très rapide. À cause de la lenteur du gel, l'eau peut rester liquide bien en dessous du point normal de congélation (0 degré). Elle est alors dans un état de déséquilibre appelé surfusion. Elle n'est pas dans son état de plus basse énergie. Cette situation ne peut pas durer éternellement. Tôt ou tard la glace « prend », l'énergie de liaison est libérée très rapidement. Ce phénomène peut avoir des conséquences dramatiques (j'ai raconté dans *Patience dans l'azur*, Éditions du Seuil, 1981, la triste histoire des chevaux du lac Ladoga).

À l'échelle cosmique l'activité nucléaire primordiale provoque une période de surfusion : une partie de l'hydrogène primordial ne se transforme pas en hélium, et les étoiles en font leur carburant. La situation est différente pour la force électromagnétique. En dessous de 3 000 °K, les photons ne possèdent plus assez d'énergie pour dissocier les atomes. L'Univers passe de l'état de plasma de protons et d'électrons à celui d'atomes d'hydrogène (voir *Dernières Nouvelles du cosmos* pour une exposition plus détaillée). On serait tenté d'en conclure que l'Univers s'est complexifié. Cela n'est pas le cas. Rappelons que dans notre définition de la complexité nous avons introduit la diversité. La stricte application des lois qui régissent les forces nous a fait passer d'un état homogène à un autre état homogène.

Pourquoi les deux situations ont-elles donné des résultats si différents ? Pourquoi la rencontre des électrons n'engendre-t-elle que de la monotonie alors que la rencontre des protons et des neutrons fabrique de la variété ? Quelle est la clé de la variété ? C'est que le rythme d'expansion de l'Univers est suffisant pour créer le déséquilibre dans un cas mais pas dans l'autre.

49. Ajoutons que l'apparition de cette cohérence est compatible avec la tendance générale des systèmes physiques à prendre l'état d'énergie minimal. Si la convection ne se mettait pas en marche, la température de l'eau en chaque point serait plus élevée. L'organisation des mouvements correspond à une diminution de l'énergie thermique de l'eau.

50. Deux exemples simples tirés de l'informatique nous feront toucher les limites de cette association. Élaborons un programme qui contient un million d'instructions, toutes identiques : « Écrivez zéro. » Le contenu informatique de ce programme est élevé, mais le résultat sera une séquence d'un million de zéros. En fait on peut utiliser la régularité de cette séquence pour la réaliser avec un programme beaucoup plus court. Il dirait (en son langage) : « Écrivez un million de zéros. » On a « comprimé » le programme.

À l'inverse envisageons un programme pour écrire une séquence qui contient un million de zéros et d'unités, tirés auparavant à pile ou face. Il faudra encore un million d'instructions. Mais cette fois il n'y a pas moyen de faire autrement. La nature aléatoire de la séquence implique qu'il n'y a aucune régularité. Et à nouveau le résultat ne peut pas être dit complexe…

51. Voir Murray Gell-Mann, *Le Quark et le Jaguar*, Albin Michel, 1995.

52. La formation du cristal s'accompagne d'une émission de chaleur. C'est elle qui transporte au loin le surcroît d'entropie exigé par la thermodynamique.

53. Ce qui n'arrive jamais, affirment les biologistes.

54. J'ai trouvé ces renseignements dans le numéro 17 (décembre 1973) de la revue *La Hulotte*.

55. Pour le lecteur non familier avec les phénomènes sonores, voici quelques éléments techniques. Le son est une onde qui se propage dans l'air, mais aussi dans les liquides et les solides. Pour rappeler ce qu'est une onde, prenons un exemple familier. Un insecte cherche en voletant à s'échapper de la surface d'un étang. Autour de lui, une série d'ondelettes provoquées par les battements d'ailes se propage à faible vitesse – quelques dizaines de centimètres par seconde. L'*amplitude* de cette onde est mesurée par l'élévation des crêtes au-dessus du niveau moyen de l'eau (quelques millimètres). La distance entre deux crêtes successives est la longueur d'onde (quelques centimètres), tandis que la *fréquence de l'onde* est mesurée par le nombre de cercles émis par seconde (trois ou quatre).

Supposons qu'au cours de leur propagation les ondelettes rencontrent un obstacle (par exemple un autre insecte). De ce lieu, une nouvelle onde se forme, dont les cercles concentriques s'éloignent radialement *(dessin page suivante)*. Les nouvelles ondelettes rejoignent le premier insecte après une durée qui dépend de la distance entre les deux congénères. Le temps

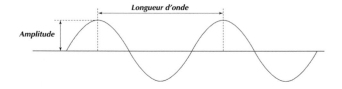

Propriétés des ondes. *La longueur d'onde est la distance entre les crêtes, tandis que l'amplitude est la hauteur de la crête. La fréquence est le nombre de crêtes reçues par seconde ; on dit aussi le nombre de vibrations par seconde.*

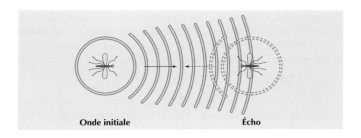

Onde initiale   **Écho**

Le mouvement des pattes de l'insecte provoque l'émission d'un train d'ondes aquatiques (les ronds dans l'eau). La rencontre du train d'ondes avec un obstacle provoque l'émission d'un nouveau train d'ondes autour de ce point.

de cet aller-retour nous permet de calculer la distance du second si l'on connaît la vitesse de l'onde. C'est la méthode que, sans en connaître les détails, les marins antiques savaient déjà mettre à profit.

L'onde réfléchie est porteuse de précieuses informations sur les caractéristiques de l'objet réfléchissant. Le temps du trajet donne sa distance, son amplitude dépend de son volume et de sa forme. Cette propriété n'était sans doute pas inconnue des marins des temps anciens : un récif isolé et une falaise étendue ne renvoient pas le même signal dans la brume.

L'onde réfléchie nous informe aussi sur le mouvement de l'objet qu'elle a rencontré. Sa longueur d'onde est plus grande s'il s'éloigne, plus courte s'il se rapproche. Ce phénomène porte le nom de « décalage », ou effet Doppler-Fizeau, du nom des physiciens qui l'ont découvert au XIXe siècle.

Toutes ces propriétés des ondes aquatiques peuvent être transposées aux phénomènes sonores. Autour d'une corde de violon une onde se propage dans le volume de l'espace. Les ondelettes ne sont pas des cercles mais des sphères concentriques s'éloignant radialement de la source. Elles contiennent plus de molécules d'air par centimètre cube que l'espace entre elles. Elles se meuvent beaucoup plus vite que les cercles à la surface de l'eau. Elles atteignent 300 mètres par seconde dans l'atmosphère. Chacun sait que, pour mesurer la distance de l'endroit où l'éclair a jailli, il faut compter le nombre de secondes entre l'éclair et le tonnerre. Chaque période de 3 secondes représente environ 1 kilomètre. Pour connaître la distance des falaises dans la nuit, on divise le délai en secondes par 6 : l'aller et le retour de l'onde.

Comme dans le cas des ondes aquatiques, le mouvement change la longueur d'onde. Les automobilistes en panne sur l'autoroute connaissent bien la séquence sonore émise par les voitures qui les croisent. Le son est plus élevé quand elles s'approchent, puis plus grave lorsqu'elles s'éloignent. Les gendarmes pourraient utiliser ce phénomène pour évaluer la vitesse des véhicules. En fait ils emploient une méthode tout à fait analogue, fondée non pas sur les ondes sonores mais sur les ondes électromagnétiques (le radar).

56. Rappelons, pour éviter toute confusion, que les pilotes utilisent les ondes électromagnétiques (radar) tandis que les chauves-souris utilisent les ondes sonores (sonar).

57. Voir Philippe Arnold (sous la dir. de), *Cigognes*, Strasbourg, Éditions La Nuée Bleue, 1992.

58. En particulier des revues scientifiques telles que *Nature* et *Science*.

59. Ces horloges sont appelées « circadiennes » ; elles fonctionnent sur une base d'environ 24 heures.

60. Rappelons que les humains n'ont découvert qu'en 1550 l'existence de cette composante verticale du magnétisme terrestre.

61. Pourtant des erreurs sont quelquefois observées, provenant souvent des activités humaines : bruits et pollutions atmosphériques. Plusieurs baleines se sont échouées récemment en Grèce, quand les puissants émetteurs sonores de l'Otan ont fait leurs exercices.

62. Cette chasse printanière est illégale et fortement sanctionnée. Mais pour des raisons politiques, la loi est peu appliquée. Je propose aux lecteurs qui désirent s'associer à cette protestation d'envoyer une lettre au président du conseil régional d'Aquitaine (Parc des expositions, 33300 Bordeaux).

J'apprécierais qu'ils m'en envoient une copie aux Éditions du Seuil. Voir www.roc.asso.fr.

63. On appelle « bionique » une démarche qui consiste à tenter d'imiter les technologies naturelles. Pour diminuer la turbulence des sous-marins, on cherche à copier la nage souple des dauphins. On essaie de reproduire le vol silencieux des hiboux pour améliorer les performances des « avions furtifs ».

64. Le vaccin médical part du même principe. On injecte une faible dose de bactéries infectieuses pour déclencher la production de leurs ennemis spécifiques.

65. Le comportement du système immunitaire illustre le rôle du hasard dans la nature (chapitre 4). Le nombre d'agresseurs différents auxquels les globules blancs doivent faire face peut atteindre la dizaine, voire la centaine de millions. Chacun d'eux requiert une clé différente, fabriquée par un génome spécifique. La quantité d'instructions requises pour atteindre ce but dépasserait largement la capacité informatique des êtres vivants !

Comment protéger l'organisme contre tant de menaces différentes ? La réponse du système immunitaire est hautement astucieuse. Le génome ne fabrique pas des clés entières mais seulement des éléments de clés, comme les pièces d'un Meccano (une centaine environ). Ces éléments s'associeront ensuite à la surface du globule blanc, pour constituer une clé complète. Point crucial : ces associations se font au hasard. Toutes les permutations sont permises. Le nombre de combinaisons possibles est maintenant largement supérieur à celui des cibles possibles.

Ainsi, par le jeu des assemblages aléatoires d'une centaine d'éléments, se réalise l'immense variété des clés requises pour le bon fonctionnement du système immunitaire assurant la protection des organismes vivants. Le hasard, à nouveau, est mis au service de l'évolution cosmique. « Le hasard contre le hasard », commente avec justesse Albert Jacquard.

66. Sur ce thème, je conseille le livre de Murray Gell-Mann *Le Quark et le Jaguar, op. cit.*, qui a largement inspiré cette section.

67. Voir la note 16.

68. Commentaire (anticipé !) de Bergson : « L'évolution n'est pas seulement un mouvement en avant ; dans beaucoup de cas on observe un piétinement sur place, et plus souvent encore une déviation ou un retour en arrière… Le philosophe, qui avait commencé par poser en principe que chaque détail se rattache à un plan d'ensemble, va de déception en déception… Il en arrive maintenant pour n'avoir pas voulu faire la part de l'accident à croire que tout est accidentel. » (Henri Bergson, *L'Évolution créatrice*, Paris, PUF, 7ᵉ éd., 1996, p. 105.)

69. Henri Bergson, *L'Évolution créatrice*, *op. cit.*, p. 103 : « L'adaptation explique les sinuosités du mouvement évolutif, mais non les directions générales du mouvement, encore moins le mouvement lui-même. La route qui mène à la ville est bien obligée de monter les côtes et de descendre les pentes, elle s'adapte aux accidents du terrain ; mais les accidents du terrain ne sont pas la cause de la route et ne lui ont pas non plus imprimé sa direction. […] Ainsi pour l'évolution de la vie […] avec cette différence toutefois que l'évolution ne dessine pas une route unique, […] qu'elle reste inventive jusque dans ses adaptations. » Et en page 97 : « Le sens de cette action n'est sans doute pas prédéterminé : de là l'imprévisible variété des formes que la vie, en évoluant, sème sur son chemin. Mais cette action présente toujours, à un degré plus ou moins élevé, un caractère de contingence. »

70. Ce qui donnerait à l'humanité 3 000 ans ! c'est un peu bref. Mais n'importe ; là n'est pas l'essentiel.

71. Si Mark Twain avait connu les menaces que l'humanité fait aujourd'hui peser sur la biosphère, peut-être aurait-il changé d'idée sur l'importance de la lignée humaine !

72. Blaise Pascal en fut un pionnier ; on peut voir ses instruments dans un musée de Clermont-Ferrand.

73. Henri Bergson, *L'Évolution créatrice*, *op. cit.*, p. 103 : « Mais si l'évolution est autre chose qu'une série d'adaptations à des circonstances accidentelles, elle n'est pas davantage la réalisation d'un plan. Un plan est donné par avance. Il est représenté, ou tout au moins représentable, avant le détail de sa réalisation. Au contraire, si l'évolution est une création sans cesse renouvelée, elle crée au fur et à mesure non seulement les formes de la vie, mais les idées qui permettraient à une intelligence de la comprendre, les termes qui serviraient à l'exprimer.

C'est dire que son avenir déborde son présent et ne pourrait s'y dessiner en une idée. »

74. Nasa : National Aeronautics and Space Administration ; Esa : European Space Agency.

75. Kevin Padian et Louis Chappe, « L'origine des oiseaux et de leur vol », *Pour la science*, avril 1998.

76. Stephen Jay Gould, *L'Éventail du vivant*, Éditions du Seuil, coll. « Science ouverte », 1997. Les italiques sont de moi, pour la discussion ultérieure.

Je donne ici pour référence le texte de son discours à la réception d'une médaille à Édimbourg en 1989 : « While not denying that the most complex creature on Earth has tended to be more complex through time, we are really looking at it in an odd way because it is more an expansion from the necessary simplicity of beginnings rather than a necessary predictable drive towards higher states of organisation. Life for chemical reasons originated right at the lower bound of its conceivable preservable complexity... You cannot begin with a lion ; you begin with something really simple, some simple precursor. And if you begin there, there is no room below it for less complexity. If life is going to expand it's going to occasionally add more complexity and there is a drive in that direction ; it is just a general expansion. »

77. En contre-exemple, demandons naïvement : pourquoi les puces s'étalent-elles sur un cercle plutôt que sur une demi-sphère ? Réponse : les lois de la physique ne le permettent pas ; la gravité s'oppose à la station immobile dans l'espace qu'exigerait l'occupation d'un volume hémisphérique. Inutile d'attendre que cela se produise tout seul...

78. Richard Dawkins, *Pour la science*, janvier 1996.

79. En anglais : « Your joys and your sorrows, your memories and your ambitions, your sense of personal identity and free will are in fact no more than the behaviour of a vast assembly of nerve cells and associated molecules. » (*Scientific American*, 1994, vol. 271.)

80. Friedrich Nietzsche, *Considérations inactuelles* : « Le sentiment de profond bien-être que l'arbre sent monter de ses racines, le plaisir de savoir qu'on n'est pas un être purement arbitraire et fortuit, mais qu'on est issu de tout un passé dont on est l'héritier, la fleur et le fruit, et qu'on est de ce fait excusé, voire justifié d'être celui qu'on est, voilà ce qu'on peut appeler de nos jours le véritable sens historique. »

81. Henri Bergson, *L'Évolution créatrice*, *op. cit.*, p. 240 : « Toute œuvre humaine qui renferme une part d'invention, tout acte volontaire qui renferme une part de liberté, tout mouvement d'un organisme qui manifeste de la spontanéité, apporte quelque chose de nouveau dans le monde. »

Bibliographie

ADAMI Christoph, *Introduction to Artificial Life*, New York, Telos (Springer), 1998.

ARNOLD Philippe (sous la dir. de), *Cigognes*, Strasbourg, Éditions La Nuée Bleue, 1992.

BALTER M., *Science*, 16 août 1996, vol. 273, p. 870.

BERGSON Henri, *L'Évolution créatrice*, 1907 ; 7ᵉ éd., Paris, Presses universitaires de France, 1996.

BIBRING Jean-Pierre et ENCRENAZ Thérèse, *Le Système solaire*, Paris, Éditions du CNRS, 1986.

CAISSY René, « La chauve-souris, princesse des ténèbres », *Québec Science*, juillet-août 1989.

CASSÉ Michel, *Du vide et de la création*, Paris, Odile Jacob, 1995.

CHALMER D. J., « The puzzle of Conscious Experience », *Scientific American*, décembre 1995, p. 62.

COHEN Jack et STEWART Ian, *The Collapse of Chaos*, New York, Viking, 1994.

CONWAY MORRIS Simon, *The Crucible of Creation : the Burgess Shale and the Rise of Animals*, Oxford University Press, 1998.

COPPENS Yves, *Le Singe, l'Afrique et l'Homme*, Paris, Fayard, 1983.

CRICK Francis, *Scientific American*, juin 1994, vol. 271.

DAWKINS Richard, *Scientific American*, traduit dans *Pour la science*, janvier 1996.

EMLEN Stephen T., « The Stellar Orientation System of a Migratory Bird », *Scientific American*, 1975, p. 102.

FISCHETTI Antonio, « Ainsi parlent les baleines », *Science et Avenir*, juin 1997, p. 52.

FORD Joseph, *La Nouvelle Physique*, Flammarion, coll. « Science », 1994.

GELL-MANN Murray, *Le Quark et le Jaguar : voyage au cœur du simple et du complexe*, Paris, Albin Michel, coll. « Science d'aujourd'hui », 1995 ; rééd. Flammarion, coll. « Champs », 1997.

GLANZ James, « From a Turbulent Maelstrom, Order », *Science*, 24 avril 1998, vol. 280.

GOULD James L., « Fly (almost) South Young Bird », *Nature*, 12 septembre 1996, vol. 383, p. 123.

GOULD Stephen Jay, *Darwin et les Grandes Énigmes*, Paris, Éditions du Seuil, coll. « Point Sciences », 1984.

—, *L'Éventail du vivant : le mythe du progrès*, Paris, Éditions du Seuil, coll. « Science ouverte », 1997.

GUILFORD Tim et HARVEY Paul H., « The Purple Patch », *Nature*, 30 avril 1998, vol. 392.

HERSCH Jeanne, *L'Étonnement philosophique*, Paris, Gallimard, coll. « Folio essais », 1993.

HORGAN J., *Scientific American*, juin 1995, p. 74.

La Hulotte, « Les chauves-souris », novembre 1973.

LACHIÈZE-REY Marc, *Initiation à la cosmologie*, Paris, Masson, 1996, 2ᵉ éd.

LOHMANN K. J. et C. M. F., « Detection of Magnetic Field Intensity by Sea Turtles », *Nature*, 7 mars 1996, vol. 380.

LONG Michael E., « Secrets of Animal Navigation », *National Geographic Magazine*, juin 1991.

LUMINET Jean-Pierre, *Les Trous noirs*, Paris, Éditions du Seuil, coll. « Points Sciences », 1992.

MARGULIS Lynn et SAGAN Dorion, *L'Univers bactériel*, Albin Michel, 1989.

Muséum d'histoire naturelle de Bordeaux, *Les Chauves-Souris*, 1991.

NACHTIGALL Paul E. et MOORE Patrick W. B. (sous la dir. de), *Animal Sonar. Processes and performance*, New York, Plenum Press, 1988.

New York Times, 28 septembre 1993, p. CI.

NIETZSCHE Friedrich, *Par-delà bien et mal*, 1886 ; Paris, Gallimard, coll. « Folio essais », 1987.

PADRAUX K. et CHAPPE L., « L'origine des oiseaux et de leur vol », *Pour la science*, avril 1998.

PASCAL Blaise, *Pensées*, 1670 ; Paris, Garnier-Flammarion, 1973.

PRANTZOS Nicolas, *Voyage dans le futur : l'aventure cosmique de l'humanité*, Paris, Éditions du Seuil, coll. « Science ouverte », 1998.

SEACHRIST Lisa, « Turtle Magnetism », *Science*, 29 avril 1996, vol. 264, p. 661.

SHETTLEWORTH Sara, *Scientific American*, mars 1983, p. 102.

STEWART Ian, *Life's Other Secret : the New Mathematics of the Living World*, New York, John Wiley, 1998.

SUGA Nobuto, « Le système sonar des chauves-souris », *Pour la science*, août 1990.

THUAN Trinh Xuan, *Le Chaos et l'Harmonie*, Paris, Fayard, 1998.

TUPINIER Denise, *La Chauve-Souris et l'Homme*, Paris, L'Harmattan, 1989.

VAN ZYLL de JONG, C. G., *Traité des mammifères du Canada*, Ottawa, musée national des Sciences naturelles, 1983, t. II.

VAUCLAIR Sylvie, *La Symphonie des étoiles*, Albin Michel, 1996.

WALCOTT Charles, « Show me the Way you go Home », *Natural History*, novembre 1989, p. 40.

WEINDLER P., WILTSCHICO R. et WILTSCHICO W., « Magnetic Information Affects the Stellar Orientation of Young Bird Migrants », *Nature*, 12 septembre 1996, vol. 383, p. 158.

Table

4. Jouer

5. Les ferments de la complexité biologique

Évolution stellaire et Nucléosynthèse
Gordon and Breach/Dunod, 1968

Soleil
en collaboration avec J. Véry,
E. Dauphin-Lemierre et les enfants d'un CES
La Noria, 1977
Réédition : La Nacelle, 1990

Patience dans l'azur
Seuil, coll. « Science ouverte », 1981
et coll. « Points Sciences », 1988 (nouvelle édition)

Poussières d'étoiles
Seuil, coll. « Science ouverte », 1984 (album illustré)
et coll. « Points Sciences », 1994 (nouvelle édition)

L'Heure de s'enivrer
Seuil, coll. « Science ouverte », 1986
et coll. « Points Sciences », 1992

Malicorne
Seuil, coll. « Science ouverte », 1990
et coll. « Points », 1995

Poussières d'étoiles. Hubert Reeves à Malicorne
Cassette vidéo 52 min.
Vision Seuil (VHS SECAM), 1990

Comme un cri du cœur
ouvrage collectif
L'Essentiel, Montréal, 1992

Compagnons de voyage
en collaboration avec J. Obrénovitch
Seuil, coll. « Science ouverte », 1992 (album illustré)
et coll. « Points », 1998 (nouvelle édition)

Dernières Nouvelles du cosmos
Seuil, coll. « Science ouverte », 1994
et coll. « Points Sciences », 2002 (nouvelle édition)

La Première Seconde
Seuil, coll. « Science ouverte », 1995
et coll. « Points Sciences », 2002 (nouvelle édition)

L'espace prend la forme de mon regard
Myriam Solal, 1995
L'Essentiel, Montréal, 1995
Seuil, 1999, et coll. « Points », 2002

La Plus Belle Histoire du monde
(en collaboration avec Y. Coppens, J. de Rosnay, D. Simonnet)
Seuil, 1996
et coll. « Points », 2001

Intimes Convictions
Paroles d'Aube, Grigny, 1997
La Renaissance du livre, Tournai, 2001

Oiseaux, merveilleux oiseaux
Seuil, coll. « Science ouverte », 1998

Sommes-nous seuls dans l'univers ?
(en collaboration avec N. Prantzos, A. Vidal-Madjar, J. Heidmann)
Fayard, 2000
Le Livre de poche, 2002

Hubert Reeves, conteur d'étoiles
documentaire écrit et réalisé par Iolande Cadrin-Rossignol,
Office national du film canadien, 2002

Noms de dieux
(entretiens avec Edmond Blattchen)
Stanké, Montréal, et Alice éditions, Liège, 2000

L'Univers
CD à voix haute, Gallimard, 2000

La Nuit
CD, « De vive voix », Paris, 2002

Mal de Terre
(entretiens avec Frédéric Lenoir)
Seuil, coll. « Science ouverte », 2003